U0535985

海盗经济

ENEMY
OF ALL MANKIND

A True Story of Piracy, Power, and History's First Global Manhunt

[美] 史蒂文·约翰逊（Steven Johnson）著　　王冬佳 译

中信出版集团 | 北京

图书在版编目（CIP）数据

海盗经济 /（美）史蒂文·约翰逊著；王冬佳译. -- 北京：中信出版社，2023.10
书名原文：Enemy of All Mankind: A True Story of Piracy, Power, and History's First Global Manhunt
ISBN 978-7-5217-5263-2

Ⅰ.①海… Ⅱ.①史… ②王… Ⅲ.①世界经济—经济史 Ⅳ.① F119

中国国家版本馆 CIP 数据核字（2023）第 161418 号

Copyright © 2020 by Steven Johnson
All rights reserved including the right of reproduction in whole or in part in any form.
This edition published by arrangement with Riverhead Books, an imprint of Penguin Publishing Group, a division of Penguin Random House LLC
Simplified Chinese translation copyright © 2023 by CITIC Press Corporation
ALL RIGHTS RESERVED
本书仅限中国大陆地区发行销售

海盗经济

著者：　　［美］史蒂文·约翰逊
译者：　　王冬佳
出版发行：中信出版集团股份有限公司
　　　　（北京市朝阳区东三环北路 27 号嘉铭中心　邮编　100020）
承印者：　北京盛通印刷股份有限公司

开本：880mm×1230mm 1/32　　印张：8.75　　字数：188 千字
版次：2023 年 10 月第 1 版　　　　印次：2023 年 10 月第 1 次印刷
京权图字：01-2020-3466　　　　　书号：ISBN 978-7-5217-5263-2
定价：65.00 元

版权所有·侵权必究
如有印刷、装订问题，本公司负责调换。
服务热线：400-600-8099
投稿邮箱：author@citicpub.com

献给亚历克莎（Alexa）

伟大的古代马其顿国王亚历山大抓捕了海盗，海盗却优雅且巧妙地回应了他的问话。国王问海盗："你为何如此胆大包天，敢在海上挟持船只？"海盗却吊儿郎当地反驳："你为何如此胆大包天，敢挟持整个世界？我们之间的区别就在于，我只是用一艘小船作案，被人称为贼寇，而你是在用一支庞大的海军作案，却被人尊为国王。"

——奥古斯丁《上帝之城》

由于海盗的滋扰，世界贸易必然止步不前。

——亨利·牛顿

目　录

引　子　　　　　　　　　　　　　　　001

第一部分　　　　　　　　　　远　洋

第一章　事件发端　　　　　　　　　013
第二章　制造恐怖气氛　　　　　　　019
第三章　莫卧儿王朝的兴起　　　　　030
第四章　人类公敌　　　　　　　　　038
第五章　两种财富　　　　　　　　　044
第六章　西班牙远洋舰队　　　　　　054
第七章　世界征服者　　　　　　　　061
第八章　等　待　　　　　　　　　　067

第二部分　　　　　　　　　叛　变

第九章　喝醉的水手长　　　　　　　079

第十章　幻想号　　　　　　　　　　089

第十一章　海盗诗　　　　　　　　　096

第十二章　乔赛亚先生是卖家还是买家？　102

第十三章　西风漂流　　　　　　　　111

第十四章　超级宝藏号　　　　　　　120

第十五章　友谊号返航　　　　　　　125

第十六章　无畏追兵　　　　　　　　130

第十七章　公主殿下　　　　　　　　135

第三部分　　　　　　　　　劫　船

第十八章　穆罕默德信仰号　　　　　143

第十九章　超级宝藏　　　　　　　　150

第二十章　反叙事　　　　　　　　　156

第二十一章　复　仇　　　　　　　　163

第二十二章　危机中的东印度公司　　169

第四部分　　　　　　　　追　捕

第二十三章　逃　亡　　　　　　181

第二十四章　公开宣战　　　　　187

第二十五章　猜测不等于实证　　191

第二十六章　盐水水域警备团　　196

第二十七章　归　乡　　　　　　201

第五部分　　　　　　　　审　判

第二十八章　"海盗国家"　　　209

第二十九章　无效审判　　　　　215

第三十章　何为有效审判？　　　222

第三十一章　行刑码头　　　　　236

尾声　自由民主　　　　　　　　241

致　谢　　　　　　　　　　　　255

注　释　　　　　　　　　　　　259

参考文献　　　　　　　　　　　269

引　子

苏拉特以西的印度洋·1695年9月11日

　　浩瀚晴空之日，瞭望员站在莫卧儿载宝船那高约12米的主桅杆上放眼望去，视野范围能达到近10英里[①]。但正值夏末，又是在印度洋的热带水域，湿热的空气像一层厚重的帘子一样罩着望远镜镜头。等发现那艘英国船时，她离载宝船只有5英里了。

　　在这一水域见到英国船并非稀罕事。这里距离莫卧儿最繁华的港口城市苏拉特只有几天的航程，东印度公司最初的总部就在那里。乍一看，瞭望员觉得完全没必要发出警报。可没过多久，他就透过望远镜发现，那艘逐渐靠过来的船原本模糊的轮廓变得越发清晰，他才发觉哪里不对劲：不是船的颜色，而是她的航行速度。他发现，那艘船挂着满帆，顺风行驶，速度很快，时速至少10海里[②]，或许更快，几乎相当于载宝船速度的两倍。在公海中，瞭望员还从未见过速度这样快的船。

　　等瞭望员向下面的船员发出警报时，肉眼已经能看清那艘英国船了。

　　站在后甲板有利观望点的载宝船船长想，不管那艘靠过来的

[①] 1英里=1.609 344千米。——编者注
[②] .1海里=1.852千米。——编者注

船航行速度有多快，都没有必要担心，因为他的炮台上有80门火炮，还配备了400支火枪，以及近1 000名船员。他判断，眼前的这艘英国船顶多有50门火炮，船员数量也只是他们的零头。即便是前来打劫的海盗船也无所谓，因为这位船长已经带领他们的船在海上平安无事地行驶了数月，就连红海入海口处海盗最为猖獗的水域，他们都能顺利地驶过。如今，眼看就要抵达苏拉特母港，哪里还会有海盗胆敢来招惹他，更何况对方火力欠缺。

但船长不知道的是，两艘船的交火是对方蓄谋已久的。他并不知道，为了接近这艘价值连城、即将返港的载宝船，英国船上的人千里迢迢跟来这里——为了这次千载难逢的机会，他们等了一年多。他并不知道这些人有多厉害，犯过多少罪。

他并不知道，接下来相继发生的两起百年不遇的事故将从根本上削弱他所有的优势。

事故的起因是一些极为微小的失误。可能因为炮手经验不足，往炮膛里多塞了一两盎司[①]的火药。也可能因为早在几天或几周前，炮手没能对火炮进行彻底清理，炮膛里残留了一些火药，没有被发现。或者这一连串事故的起因要追溯到更早，比如，莫卧儿某座高炉生产的铸铁"加固"材料带有瑕疵，而点火室用的正是这种铸铁；数年来，没有人发现这处瑕疵，渐渐地，火炮每发射一次，瑕疵就严重一些，直到有一天出故障。

火炮的技术原理很简单。它相当于一种装置，将爆炸瞬间向

[①] 1盎司=28.349 5克。——编者注

各个方向释放的能量收集起来,再通过一条单独的管道也就是长柱形炮筒引导出去,炮弹便沿着这条管道射向既定目标。这种装置的物理原理很直观,所以,近千年前,人类一发现硫黄、木炭和硝酸钾的化学混合物(现如今的火药)就发明了火炮。爆炸效应的其他用途(比如内燃机、手榴弹、氢弹)都是在数世纪之后才得以展现的。但是,关于火药推进力的逻辑推论,似乎一直都是运用在火炮上的。掌握了如何制造爆炸[1]的同时,我们也弄懂了该如何利用这种能量在空中高速发射重型炮弹。

火炮装置简单而有效,所以它的基本设计与操作沿用了数百年。在"装填"这个步骤中,把火药从炮膛倒进去,输送到点火室,接着,这些火药通常会被纸制常规材料包裹。然后,炮弹上膛,卡在火药包上。点火室上方有一根小管子,一直通向火炮顶部,终端连着一处小开口,即点火孔。从点火孔引出一条导火线,连到点火室。日常操作中,炮手先点燃导火线,紧接着,火药被点燃,引发的巨大能量聚集在点火室。点火室本是由坚固的铁碳合金铸铁加固材料所制,只有一端有出口。爆燃后产生的所有能量几乎都会从炮膛释放,将炮弹推出去。

虽然铸铁的晶体结构强度极大,但它有时也会因为肉眼不可见的杂质而急剧下降,尤其是当铁碳混合比没有调节好时,很有可能会造成严重的事故。如果点火室用的铸铁出了问题,那么它就不再是火炮,而是一颗炸弹。

瞬间,火炮的加固材料被炸成数百个碎片,站在火炮旁边的四名炮手还没等听见爆炸声就一命呜呼了。他们还算幸运的。火药被点燃后，点火室内的气压急剧增高。通常，气体每毫秒对点火室产生的压力是15磅力每平方英寸[①]，而此时，气体压力增加到了1 000多磅力每平方英寸。冲击波一下子传向四面八方，速度每秒超过6 096米，相当于声速的10多倍。一瞬间，冲击波将附近炮手的胳膊和腿炸飞，震裂了他们的脏腑；在热量与压力的共同作用下，他们的眼球都熔化了。等第二股冲击波袭来时，火炮的铸铁碎片以超声速被卷起，于是，炮手整个人就不复存在了。冲击波和火炮碎片的杀伤力相当于我们现在的钉子炸弹，一下子刺进那些站得稍远的炮手的肉和骨头里。一时间，身体部位四处横飞，重要器官纷纷被刺穿。在短短几秒内，船上的炮台一片血肉模糊。紧接着，热浪立即回填了爆炸后产生的真空，船上的木板着了起来。

几百英尺[②]以外，英国船的炮台上的火药工们正在给火炮周围的船员们运送弹药。现场看似混乱，背后却有铿锵有力的口令调配着。一名长官协调着一组船员，有节奏地下达着命令。"落炮！"于是，船员们把固定在左舷的火炮松开。"举炮……出炮……稳炮……"，船员们根据每一道口令做出整齐划一的动作，举、推、平衡，像是在战船上跳一场致命芭蕾。长官下令："装药！"这时，一小撮火药被倒进各个点火孔。此时的船员们并没有注意到载宝船甲板上发生的那场毁灭性的爆炸，他们正在

[①] 1磅力/平方英寸=6.894 76千帕。——编者注
[②] 1英尺=0.304 8米。——编者注

全神贯注地等待着长官下达开炮前那最后一道振奋人心的命令："瞄准！"

拿炮瞄准一艘17世纪的船，算不上一门技术，更谈不上科学。即便在陆地上，要想准确地计算出时速数百英里的炮弹在空中的轨迹都是一件极难的事。其实，在人类的实践活动中，最早激发数学领域创新思维的就是炮弹轨迹的计算。人类最早发明的一些微分方程[2]就是用来预测炮弹飞行轨迹的，而二战期间发明的很多原始计算机都是专门用来计算火箭飞行轨迹的。不过，在1695年的印度洋海面上，船随着海浪晃动不止，要想瞄准真正的目标，再将重达500磅①的炮弹射向那处小的目标，简直就是痴心妄想。根本就没有时间计算，只能将炮口大致对准敌船，听长官指挥，再就是祈祷一切顺利了。

虽然武器本身并不精准，但机缘巧合成就了完美的攻势。载宝船上的爆炸事件刚过去几分钟，一颗炮弹就从英国船的一侧船舷发射，越过两船之间的海面朝载宝船射了过去，直接撞在载宝船主桅杆的基座上：可谓最具杀伤力的一击。紧接着，主桅杆倒下了，一堆绳子和帆布乱七八糟地堆在甲板上。没了结实的船帆，载宝船根本无法像几秒之前那样有效地利用风能继续行驶。刚刚经历了一场爆炸，载宝船上正火光冲天，血流成河，瞬间失去了防守的能力。于是，英国人分分钟就攻克了这艘船。

---

① 1磅＝0.453 6千克。——编者注

这两件事同时发生的概率有多大？说到自爆，火炮设计技术自诞生之初这种弊病就存在，至今依旧是个大问题。（1844年的一次火炮演习中，美国海军部长与国务卿就因火炮自爆而遇难，约翰·泰勒总统死里逃生。）不过，在发射的过程中，火炮自爆的概率是很小的，可能连0.2%都不到，而一击便射中主桅杆下半部分的概率更是微乎其微。在长60多米的船体上，主桅杆基座只有约0.6米宽。目标太低了，炮弹往往擦过船舷落入水中，或者被挡在了炮台下面。1%的击中率已经不错了。还好，大约同一时期的布莱瑟·帕斯卡总结出了概率计算公式，我们据此得知，两件不相关事件同时发生的概率是每个事件发生概率的乘积。也就是说，刚才那一幕哪怕再上演50 000回，火炮自爆与炮弹击中主桅杆这两件事都不一定能同时发生。

这两个事件发生与否的概率相差无几。如果铸铁加固材料去除了小小的杂质，或者英国船点火的时候把火炮朝左移动1英寸[①]，载宝船都可以轻而易举地把火力甚弱的侵犯者干掉。可就火炮自爆这类事故而言，但凡有一丝不为人察觉的异常，比如多了几盎司火药，都可能引发一系列非线性结果。就两艘船在印度洋上交战这件事而言，引起全世界轩然大波的是那些很不起眼的动机。站在广阔的历史角度来看，这类交战绝大多数只能算小规模的纠纷与摩擦，很快就会烟消云散。不过，偶尔也会出现波及全球的大事件，刚才提到的交战便是其中之一。

[①] 1英寸=2.54厘米。——编者注

你可以把整本书的脉络想象成沙漏的形状。沙漏的腰部，也就是中间部分，便是1695年印度洋上那次几秒内所发生的事件：火炮自爆，主桅杆被炸毁。事件的背后有着诸多因素，沙漏腰部以上部分讲述的便是各因素的发展史，而腰部以下部分讲述的则是这几秒事件所引发的一系列后果——切切实实的全球性影响。

为了客观地论述整件事，尤其是沙漏腰部以上的各因素发展史部分，我们要从不同层面对各项因果进行阐述。有些事故的起因是瞬时的，比如火炮的自爆或是主桅杆的一击即中。但是，其他方面的起因都是经过漫长时间的积累才形成的，比如，莫卧儿船承载如此多宝物的原因，再比如，一小撮人最后发展成海盗的诱因。要想全面地阐述这些事实，就需要打破阶段性历史以及传统传记对人意识的束缚。你需要跳出时间的局限性才能客观地审视事实。大事记年表虽能把这些事精彩地讲出来，却无法捕捉历史发展背后的深层次动因。有些动因是近期的、当下的，有些则是源自很早以前的一些连带性因素，甚至还会影响下个一百年，或者是一千年。

简言之，这部作品讲述的是一群穷凶极恶的海盗以及他们那些耸人听闻的罪行。海盗这个行当可谓历史悠久，而史上那些最为知名的海盗都是在本书所记事件发生约20年后才出现的。而且，身处"盛世"的那一代海盗——黑胡子、萨姆·贝拉米、棉布杰克，很大程度上都是受了书中所述恶行以及身边所流传的一些传奇故事的启发。虽然书中重点描述的海盗远不如"盛世"中的标志性人物在今时今日的名气，但跟黑胡子那类人相比，对全球性大事件的发生与发展有着更为重要的影响力。本书的目的就是探究这种影响力的范围，对此详细地做一番考量。1695年9月发生的这起事件引发了一系列重大危机，本书便阐述了危机当中个人的生活状态，不仅如此，还追溯事件发生的上一环节，阐述了一些不同的事物：社会组织形式、制度，以及新兴媒体平台。其中有一个古老的制度体系，跟海盗一样历史悠久：莫卧儿王朝的专制神权政治。其余都是刚形成不久的——跨国公司、大众媒体、行政帝国，从18世纪中叶起，这些组织机构将在印度成为主流。在某种程度上，本书讲述了一个犯了重大错误的人成了海盗，虽然做海盗的时间不长，却是他一生中不平凡的时期，而且越是细细品味，你越会发现，那是一段神秘且不可思议的经历。此外，本书体现了另一不同事物的发展历程，即近代史上多数实力强大的组织机构是如何从刚开始的思想萌芽（虽有前景但充满变数）走向征服世界之路的。

　　本书并非简单地罗列这些组织机构的崛起史，而是关注那个险些让这些组织机构功败垂成的重大考验。说到这里，人们会自然而然地想到大公司或商业帝国这类大型的组织机构，它们是经一番周密的规划打造出来的：一步一步地为每一处壮观结构做概念性的架构设计。但是，一个组织机构最终的架构并不一定像总工程师事先设计好的那样，因为它终究是要受外界诸多因素影响的，就像海岸线的形成多多少少会受小得多的海浪的不断冲击的影响。说到那些历史悠久的组织机构，它们的核心价值往往在建立之初就由创立者和梦想家们设定好了，当然，这些人须是在传统历史中有着突出地位的。然而，这些组织机构最终的架构——它们的实力短板，实力得以发挥的渠道，通常是由一些边缘性的矛盾与冲突（无论是地理层面的，还是概念层面的）所决定的。

有时，这些所谓的矛盾与冲突源自那些实力同样强大的组织机构——正如书中所提，莫卧儿王朝与英国王室之间的冲突引发了诸多事端。但有时，这种矛盾与冲突也有可能源自低量级的对手，比如，印度洋上的这艘船的人员配备还不到200人，船长却已蓄谋了近两年，一直等着与载宝船相遇的这次机会。

1695年9月那起对决事件发生前的14个月，船员们就将船重新命名为"幻想号"。但是说到船长，他的名字就很多了。

第一部分
Part One

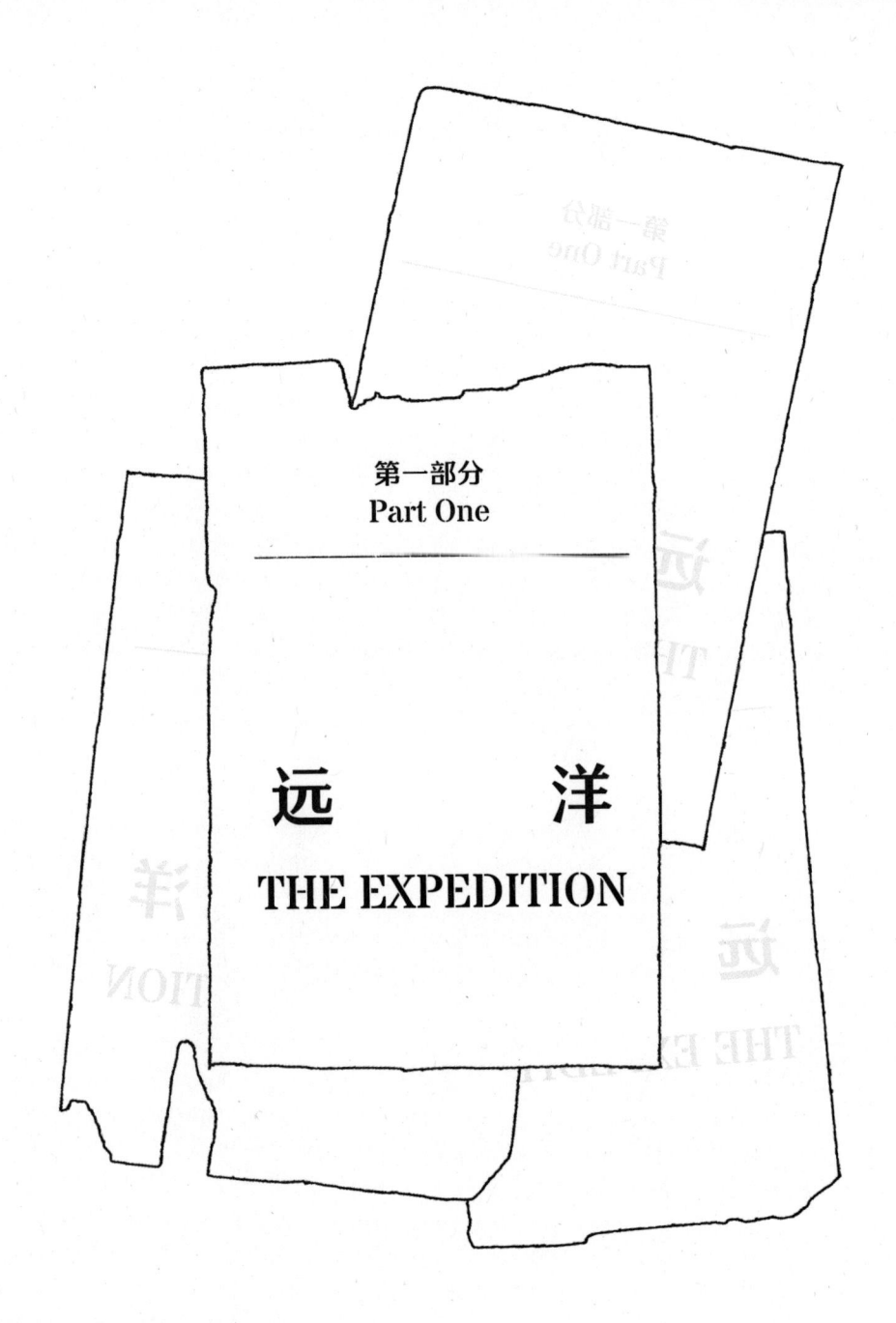

远 洋
THE EXPEDITION

第一章
事件发端

德文郡牛顿费勒斯·1659 年 8 月 20 日

大约在 1670 年，一个来自英国西部德文郡的年轻人加入了皇家海军。按照规定，他成年后的余生都将在海上度过，如此来看，他应是自愿参军的。自愿参军的人可以享受一些经济上的优待：海军方面会预先支付他 2 个月的工资，不过按照惯例，新入伍的士兵得从这笔工资中拿出一部分来购买装备（包括在船上睡觉用的吊床）。再者，如果自愿参军的新兵身负 20 英镑以下的债务，那么这笔债务便可以免除。即便如此，皇家海军中大概有一半的士兵都是被迫服役的，因为当时有一个臭名昭著的组织：强征服役机构。

在 17 世纪的英国，年轻人，尤其是那些收入有限的年轻人，无时无刻不生活在强征服役机构的阴霾下。讲得直白些，这家机构相当于皇家海军在社会上的非正式特工组织，俗称"抓壮丁队"。抓壮丁队带有现代军事征兵与国家鼓励强制征兵的综合性质。一个 17 岁的少年站在街角，脑子里正琢磨着自己的事，这时，不知从哪儿窜出来一个抓壮丁队的人，像教父[①]一样提了个

[①] 教父，这里指黑手党领袖。——译者注

条件：要么自愿加入海军，要么以更糟糕的名义被迫入伍。他根本无力拒绝。至于做何选择，由他自己决定，但无论如何，他最终只能加入皇家海军。

新近强征的水手们一旦登上护卫舰，就得面临一个严峻的现实，他们得一直待在那里，直到被指派到某一艘特定的船上。正如18世纪那本小册子《水手们呼吁》上所描绘的那样："每一批登上护卫舰的新水手通常至少有600、700或800人，大家所处的环境都一样，没有常用的便利设施，只能躺在甲板之间，待在有限的空间里，有什么吃什么，很少有吃饱穿暖的时候。这样的环境偶尔还会引发疾病，有时一天能死6、8、10个人。有人试图从护卫舰上跳水逃走，结果溺水身亡。最终，海面上漂浮着很多尸体……"[1]

强制征兵之所以出现，部分原因是当时正处于人类的地理大发现时代，海上活动对劳动力的需求很大，而常规的财政激励措施又无法满足这一需求。还有一部分原因就是，陆地上也发生了一些变化。当时正处于封建主义末期向农业资本主义初期的过渡阶段，接下来的几个世纪里，巨大的社会动荡破坏了大都会中心的发展，导致整个社会阶层流散出一类群体——平民出身的农工。就这样，他们成了无业游民。16世纪末，这类无业游民暴增，致使他们成了整个社会的整治对象，引发了后谷登堡时代首波真正的道德恐慌。到处都有无业游民，他们在不断变化着的经济环境中流离失所。农奴原本就生活在一个持续受压迫的封建制度当中，当下又发现自己正在经历资本主义早期动荡的洪流。在那些纵观事态发展的人看来，这一番变化就如同僵尸入侵的现代版魔幻片一样：某天一觉醒来，发现大街上都是无家可归的人，而且这些流浪者不只流离失所那么简单，他们甚至不知道自己该寻找一个什么样的家。

1597 年，英国议会意欲遏制因流浪者过多而造成的负面影响，进而出台了一项流浪者法案。匪夷所思的是，该法案的文本中包括一个简直滑稽的目录，有关当时英国公共道路及城镇广场上大量出没的几种流浪者：

寻求施舍的游荡学者；遭遇海难的水手；耍戏法、算命等一干闲人；假学监、拉皮条者或为机构募集救济品者；买卖赃物者、多头交易者、街头演奏者或游吟诗人；杂耍者、修理匠、小商和小贩；身体健全的流浪者和嫌工资低而拒绝工作的劳力；被解雇的雇员；假装遭受火灾的流浪者；埃及人或吉卜赛人。[2]

这项流浪者法案向地方当局传递了一条明确的信息：凡属于目录中的人，都将被"扒光上衣，在大庭广众之下受鞭刑，见血之后再被遣回原籍或就近的居住地"。于是，此项法案助长了抓壮丁队的气焰。如果那些寻求施舍的游荡学者和杂耍者不想被扒光衣服后当众受鞭打，就得选择加入皇家海军。在那样一个没落的封建社会，要清理街道上的流浪者，难道还有比把那些无家可归的人都弄到海上更好的办法吗？

无论是自愿加入皇家海军还是被抓壮丁队逼着入伍，德文郡的这个水手在成长过程中所接触的文化环境在很大程度上都会受到航海事件的影响。在英国,要说哪个地区与航海冒险的联系最为紧密,那绝对是西部地区,那片崎岖不平的荒原夹在英吉利海峡和布里斯托尔湾之间,一直延伸到大西洋。伊丽莎白时期,凡是有头有脸的水手,几乎都来自那里。沃尔特·雷利和弗朗西斯·德雷克就出生在德文郡。西部地区的水手们代表王室指挥了多场海战,包括1588年西班牙无敌舰队的沉没,其间,很多人成了海盗。(18世纪最臭名昭著的两个海盗——有"黑萨姆"之称的贝拉米和黑胡子,都是西部地区出身。)他们那种恃强凌弱的生活方式其实是有着深刻的地缘性特点的:西部地区在地理位置上正处于英吉利海峡的入口,这就让海盗船船长们对欧洲航运网络拥有了绝对的掌控权,嵌入海岸线的众多小海湾和水湾成了走私者的首选活动地。自从德文郡第一个男孩加入海军以来,已经过去了300多年,人们却依旧能从当地人的语言模式中感受到海盗与德文郡之间的联系。现如今,每当人们在用地道的海盗腔调讲话时——"Arr, shiver me timbers"(啊,吓我一跳),其实都是下意识地模仿了西部方言那种轻快而独特的腔调。

围绕着这个德文郡水手生平的神秘故事从他的名字开始。他的首部"英雄"传记于1709年出版,他在里面被称为约翰·埃弗里船长。年轻时,他临时用过本杰明·布里奇曼这一化名,而一些历史学家据"Long Ben"(长本)他的这个绰号推测,他的本名应该是布里奇曼,他后来化名为埃弗里。大多数学者认为他的出生地在英国西南海岸的德文郡普利茅斯附近。1696年,一位熟悉内情的人士在法庭上提供证词说，这名水手的年纪在40岁左右，因为他出生于17世纪50年代末。据牛顿费勒斯（普利茅斯东南部亚姆河边的一座村庄）的教区记录，1659年8月20日，约翰和安妮·埃弗里夫妇生下了一个孩子。或许，这孩子便是后来那个臭名昭著的亨利·埃弗里，世界头号通缉犯。也或许，真正的埃弗里出生于同一时期的另一座西部乡村里。部分原因是，早在他出生以前的数百年，埃夫里家族就一直是德文郡赫赫有名的大地主。很多描述他生平的资料都称其为亨利·埃夫里，几乎所有英文版的正规法律文件最终都将其姓氏写为"埃夫里"，唯一留存的一封信件的落款是"亨利·埃夫里"。待他成为世界上最臭名昭著的人之一后，埃夫里成了公众口中最常提起的姓氏。若仅就这个原因来看，似乎称其为亨利·埃夫里比较合适。

亨利·埃夫里的童年并不为人所知。1720年出版的一部回忆录更是为其早年经历蒙上了一层厚厚的面纱："就目前的种种说法来看，人们并未提及我出生、幼年及青年时期这类信息；于我而言，这是我生命中最无足轻重的部分，同理，对那些阅读此书的人来讲也必是最无用的，这本身就不值得关注，对旁人也起不到任何指导作用。"考虑到这本回忆录几乎可以确定是虚构的，有人认为这部回忆录出自丹尼尔·笛福之手，童年细节的遗漏，很显然是因为史料中关于这部分的内容太过贫乏，[3] 绝非埃夫里的成长经历不值得关注。

年轻的亨利·埃夫里（或埃弗里，或布里奇曼）在成长的过程中一定听了很多有关德雷克和雷利游历世界的伟绩，他们在航海生涯中都巧妙地绕过了海盗与私掠者之间的界线。（我们会发现，当时的法律和公约有意将二者之间的界线划分得很模糊。）这部虚构的回忆录还声称，他父亲曾就任皇家海军商贸船船长；德文郡埃夫里家族的族谱中，至少有过几位船长。其他细节暂且不提，总之，作者在虚构的回忆录中表示，"埃夫里家族的人似乎从小就是航海的料"。这话说得很到位，因为有关埃夫里的家族史，我们所了解的第一条可靠信息——从牛顿费勒斯教区记录以外获得的信息就是，他应该在青少年时期就加入了皇家海军。

这个德文郡水手的死亡与出生一样，都如同迷雾一般。其实，无论是出生地还是出生时间，真实的信息我们都无从得知，连真实姓名都无从知晓。所以，关于亨利·埃夫里的身世，我们自然是说不清楚的。每一段精彩的传奇故事都会对他的身世做不同版本的描述——谣言、传闻或是经一代代人加工过的口述，其中叠加、穿插着各种不同的情节。曾经，亨利·埃夫里就是一个传奇，如同神一样广为人知，在一些人眼中，他是英雄，能鼓舞人心，而在其他人眼中，他是凶残的杀手。他是反叛者，是工人阶级的英雄，是国家的敌人，是海盗之王。

再后来，他就成了一个幽灵。

第二章
制造恐怖气氛

尼罗河三角洲·公元前1179年

在现代人眼中,哈布城拉美西斯三世陵庙西北门外墙上的象形文字宛若天书,当今,只有一小群埃及古物学家能够读懂。而印在陵庙墙上的浅浮雕图像却很容易辨识,它们描绘的是一场残忍的大屠杀:身着爱琴海地区重型盔甲的战士们一边手握投枪和匕首,一边用盾牌抵挡箭雨;敌方一名士兵倒下了,眼看一位戴埃及头盔的军官就要将其头颅砍下;血淋淋的尸体堆积成山,很明显,入侵方遭遇了惨败。这些图像及一旁的象形文字所展现的是古代的一场世界顶级海战,交战双方分别是埃及军队和一群四处游荡的强盗,也就是我们今天所说的海上民族。历史上,拉美西斯三世所属的埃及王朝给我们留下了鲜活的印象,他们创造了拉美西斯三世陵庙和金字塔这样的考古奇迹,更有图坦卡蒙的宝藏,就连小学生都能随口讲两句法老的故事。而海上民族却没有留下这样的遗产,大体上是因为他们生命中的大多数宝贵时光都是在海上度过的。所以,他们死后3 000年并没有震惊世人的庙宇或是墓碑留存于世。他们没有开创新的农业形式,也没有什么哲学造诣,连任何文字形式的记录都没留下。不过,论起现代人对古代世界中这两类人的印象,海上民族的形象应该更突出一些,原因只有一个，那就是他们是第一批海盗。

关于海上民族的地理起源问题，史学家们各持己见。主流观点认为，他们是来自希腊迈锡尼的难民，在青铜时代末期首次形成了一个团结一致的文化群体。有的是士兵和雇佣兵，其余都是普通的劳动人民，之前一直作为廉价（近乎奴隶工资的标准）的劳动力受雇去建造标志着迈锡尼鼎盛时期的大型基础设施与防御工事：伯罗奔尼撒半岛的公路网或者皮洛斯的深水港口。所以，这一族群的起源必然是模糊的，因为"海上民族"最终形成的是一个多民族的群体，就像后来的许多海盗族群一样，无法依据他们效忠哪个城邦或哪位君主来进行溯源，而是由他们选择效忠的已形成的漂泊部落决定的。地中海就是他们的家乡，海上的船就是他们的家。部落之间为了区分，都有着各自的风俗与规定：他们会戴不同的角盔——从拉美西斯三世陵庙那些浅浮雕图像就能明显地看出来——船上饰有鸟的头像。不过，最为与众不同的还是族群这种居无定所的性质，给人感觉他们离开了地理意义上的乡土，处于一种永远漂泊、永不扎根的状态。

这种无根性暗示着一种政治立场，在接下来的几个世纪里，这些极端激进的海盗就会采用这一立场。对于环地中海陆地的当权机构，海上民族一向采取无视的态度，他们完全不受陆地国家法律的约束。这是海上民族用以向世人展现自己海盗身份起源的主要方式之一。海上民族出现之前，开阔的海域上无疑有海盗行为——其实，一旦人类开始用船运送值钱的货物，就一定会出现劫持船只、掠夺货物潜逃这种蓄谋性的犯罪行为。不过，真正意义上的海盗可不仅仅是像银行抢劫犯或者小毛贼那样类别的罪犯。在我们印象当中，大多数犯罪分子虽然做出了违法的行为，但在生活中的其他方面还是会遵守法律的。他们考取驾照、缴纳税款、投票选举，他们会把自己当作公民，只是不完全守法而已。然而，若换成真正的海盗，他们对法律制度的认可度就更低了。至于那些空间距离较远的国家或帝国当局，海盗是完全不予承认的。这也就是为什么现如今小学生们眼中的海盗旗——数世纪前迎风飘扬，蕴含着如此丰富的象征性意义。海盗们会按照自己道上的规矩行事。"都是一群无家可归的海上莽夫，"荷马在《奥德赛》中曾这样描述，"这些人活着就是为了鱼肉他人。"

当然，并不是所有的海盗都会背叛自己的国家。（在亨利·埃夫里短暂的海盗生涯中，很多事都是他在公开叛国与忠君爱国之间左右为难才引发的。）不过，海盗们意欲触犯国家政权的法律与领土安全底线，更不用说他们痴迷于掠夺了，这使得他们经常成为集权当局的敌对方。海盗们行事灵活，且不受法律、道德与国家官僚机构的制约，所以，跟那些比他们强大的对手相比，他们具有诸多优势。然而，若集权政府真想对付他们，他们也不是无懈可击的。公元前1179年，海上民族在尼罗河三角洲区域向拉美西斯军队发动了一次进攻。埃及国王已料到他们会这样做，事先建造了专门的战船，与海上民族精良的海上力量对抗。他部署了一个监视入侵船只的侦察网，并让这支新组建的船队埋伏在尼罗河三角洲的多条补给航道之外。从哈布城墙上的图像可以看出，海上民族的战舰里没有船桨，由此可见，他们遭遇了埋伏。这让人想起了诺曼底海滩上的那场血战：凌乱的船只横七竖八地散落在岸边，被海水冲刷着，船上的人正要往海里爬，结果被远处的埃及弓箭手一箭射中。那么多人都死在了浅水区。

终于，海上民族也领教了一次铁血军队的愤怒。"他们被人拖拽着，翻过来，平躺在海滩上；被屠杀之后，尸体从船头堆到船尾，而他们所有的东西都被扔进了水里。"[1] 拉美西斯三世陵庙的墙上写着这样的话语。"我们这位国王像一阵旋风一样，出来与他们交战，像驰骋在赛场上的运动员一样在战场上厮杀，"墓前其他的象形文字是，"他们心中充满了对他的畏惧与恐惧，他们自食恶果——心被掏走，魂飞魄散。"[2]

铭文更具预见性，对此，当时刻下这些象形文字的人似乎早已意识到。海上民族在尼罗河三角洲遭遇溃败以后几乎一下子就从人类的历史舞台上消失了。至于他们最终的命运，专家们各持己见，就如同他们的起源一样令人捉摸不透。尼罗河三角洲之战以后，那些没被处决的人貌似流落到了埃及东部边境，其中一部分人流落到了巴勒斯坦海岸。不过，这群人一向是团结一致的群体，公元前 1155 年，拉美西斯在一次暗杀中遇害时，他们就彻底消失了。在这方面，海上民族树立了一种传统，被此后数世纪的很多海盗效仿。有些海盗红极一时，有些海盗被送上了绞刑架，而有些海盗则彻底消失了。

此外，海上民族留下了一项重要的传统，可以用它来定义埃夫里时代的海盗文化：对大规模暴力恐怖行动的战略部署。因受海上民族的围攻，乌加里特（今叙利亚境内）国王阿穆拉匹向塞浦路斯的另一位统治者发出一封紧急信函："我的城市被烧毁了，（海上民族）在我的国家为非作歹……他们派来这里的七艘船给我们造成了巨大的伤害。"说到海上民族袭击海岸时的场景，拉美西斯三世陵庙的铭文也有过类似的描述："瞬间，整片土地都淹没在战火之中……他们在阿莫尔的某个地方搭起了帐篷。人们四处逃窜，这片土地仿佛从未存在过。"

公元前13—前12世纪正是海上民族猖獗的时候，他们发动的极端残忍的杀戮对之前青铜时代繁华的地中海文明造成了沉重的打击。现如今，我们将之称为青铜时代末期的崩溃阶段，是历史上科技发展呈退步状态的几个时期之一。海上民族将希腊和黎凡特的海岸都城夷为平地之后，两地宏伟的宫殿文化分裂成了乡村文化，如同一盘散沙。如此一来，海上民族给他们与陆地社区之间的交流带来了世界末日般毁灭性的重创，从强度来讲，这种暴力近乎肆意妄为。海上民族入侵他国领土并非想据为己有，也不是为了把那里的财宝或人掠回本土。他们将青铜时代的众多宏伟都城付之一炬，只是为了目睹它们被焚毁而已。虽然他们不具备大陆敌方那样强大的军队和堡垒，但他们的战术是，巧妙地利用人的恐惧心理开展如今所谓的"非对称"战争，即以弱胜强的战争。[3]

从一开始，海盗这一行当就具备恐怖主义现代概念中的诸多关键特征，无论是从二者所引起的公众效应方面，还是从法律对二者的定义方面。英文中最早出现"恐怖主义"一词是在1795

年詹姆斯·门罗①写给托马斯·杰斐逊②的一封信中，紧接着在美国大使写给法国大使的信中出现过。在罗伯斯庇尔③被处决一年后，门罗从巴黎寄出了一封信，信中提到雅各宾派又有了"恐怖主义行动与叛变的迹象"。⁴后来，这一术语迅速在美国政界精英圈中传开。继门罗信件之后，⁵仅仅过了几周，约翰·昆西·亚当斯④就在另一封信中将"罗伯斯庇尔政党的支持者"称作"恐怖分子"。

　　从某种程度上讲，恐怖主义是一种工具，也就是说，通过制造针对性的公众暴力事件来推进激进的政治观念，这既是恐怖主义最原始的利用价值，也是现代社会中的一种手段。然而，恐怖主义在一个关键意义的层面上，原始意义与现代定义不再相符。20世纪之前，恐怖主义意识源自法国革命政府的公共安全委员会及其他武装机构的行动。也就是说，当时的恐怖主义属于国家机器，是一种政治手段。直到一个世纪后无政府主义者出现，恐怖主义才与无政府主义者这一概念联系了起来，它指的是一小撮群体，这类群体会象征性地与规模庞大的政府和军事力量对抗，常用的手段就是残害公民、引爆炸弹，进而扰乱公民的日常生活。罗伯斯庇尔的恐怖行径将具有国家专制性质的合法强制性行为演变为毁灭性的极端行为。这原本是统治政权用来巩固其

---

① 詹姆斯·门罗，美国第五任总统。——译者注
② 托马斯·杰斐逊，美国第三任总统。——译者注
③ 罗伯斯庇尔，法国大革命时期激进派雅各宾派领袖。——译者注
④ 约翰·昆西·亚当斯，美国第六任总统。——译者注

震慑力的一种方式，而现代恐怖主义的作用则与此完全相反：它使得一小撮叛乱分子和黑暗势力网拥有与自己实力不成比例的影响力。非对称（当代很多军事冲突都具备这一性质）战争的整体概念——在这类战争中，其中一方为超强的政治实体，而与之对抗的敌方，无论是从人力还是从军事力量上讲，都不及其万分之一——其实源自恐怖主义性质的转变。现代的恐怖主义其实是一种影响力的放大器，不需要庞大的常备军或航母舰队就可以在百万民众中间营造摄人心魄的恐惧气氛。只需要安装好几颗炸弹，甚至美工刀都可以，再有一些甘愿为恐怖行动做大规模宣传的媒体网络。

虽然"恐怖主义"一词源自罗伯斯庇尔当政时期，但最初真正践行当代恐怖主义思想的人——诸如实施极端暴力的行为并通过媒体宣传制造强烈影响的无政府主义者——是海盗。这是一种有效的手段，如下便是首例实证：通过一些怪诞的野蛮行径，一小撮人就可以有效地挟持一个国家，即1695年幻想号与莫卧儿载宝船之间发生的那场冲突。

当然，早在那次蓄谋已久的恐怖袭击之前就有类似的先例，这就要从传说中海上民族的那些暴行说起。他们那血腥的历史传统中，出现过这样一个先驱者，她是一名生于14世纪第一年的法国贵妇，名叫珍妮-路易丝·德贝尔维尔。英法百年战争中期，珍妮的第二任丈夫奥利维尔·德克利松因叛国罪被法国国王腓力六世处死，头颅被公开悬挂在布列塔尼地区的南特，离克利松宅邸不远的地方。国王的种种做法激怒了珍妮，为了报仇，她变卖田地、房产，召集了三艘战船，组建起一支小型舰队。为了营造气势，她把船涂成黑色，升起血红的船帆。相传，她潜行于英吉利海峡13年，在两个儿子的协助下，她袭击了数艘法国船，还手刃了腓力六世的支持者。她总会留下几名幸存者，好替她这头"布列塔尼母狮"给大陆传话。

通常，海盗在杀死敌人时给出的正当理由是"死人是不会泄密的"，这是海盗的行事准则，但对于像克利松（及其后人）这类海盗而言，这种说法却有着另一层含义：如果将那些人直接扔进海里，将无法扩大海盗嗜血与野蛮的名声。在所谓的海盗黄金时代，也就是继亨利·埃夫里之后的那一代海盗，他们的常规操作是这样的：将几名幸存者放生，好让他们回去跟人讲讲海上那些恐怖的事情。而生活在前谷登堡时代的"布列塔尼母狮"却只能通过宫廷内的谣言与私人信件向外界传达这些信息。埃夫里及其后辈则可以通过多种形式的媒体渠道为自己的暴行做宣传：小册子、报纸、杂志、图书。当时，这在欧洲及其美洲殖民地制造了诸多舆论。就连很多习俗（经常会让人联想到"小报"媒体）也是仓促写的，通常都是胡编乱造一些耸人听闻的暴力事件，最初也是为了从亨利·埃夫里（还有18世纪初那些追随他的海盗）的一些谣传性事件中获利。如果说埃夫里的祖辈真的是像奥德修斯那样的传奇水手，那么在他职业生涯的鼎盛时期，他的存在还预示着另一种传奇人物的出现：通过古怪的犯罪行为吸引一整个国家注意力的杀手,就像约翰·韦恩·盖西[①]、山姆之子[②],以及查尔斯·曼森[③]那样。

我们总以为启蒙运动时期那些撰写小册子的人和早期的记者都是清高的知识分子,在斯特兰德附近的咖啡馆为《尚流》杂志撰写诙谐幽默的新闻素材。然而,在印刷媒体形成初期,那些耸人听闻的消息就已经萦绕在人们耳边了。有进取心的出版商会专门针对原始犯罪中那些吸引人的病态细节以及公开处决事件进行一番特别的抨击报道。早在首个连环杀手"开膛手杰克"成名之前的近两个世纪,撰写小册子的人就已经开始大肆渲染暴力犯罪事件,进而赚到了快钱。没有哪类罪犯能比海盗更能引起大众的兴趣。

就如今针对最极端的连环杀手的描述来看,其手段的残酷程度不及这一时期媒体报道中的海盗。据说,一个名叫弗朗索瓦·罗诺亚的法籍海盗"用手中的弯刀将其中一名俘虏的身体剖开,活生生地把心脏摘出来啃,再扔到另一名俘虏的脸上"。[6]一家名为《美洲水星周刊》的殖民地初期时的报纸转载了一篇有关英国海盗爱德华·罗的报道,尤其令人咋舌:报道中说,商船船长把一小包金子扔进海里,罗就"把船长的嘴唇割下来,当着船长的面烤熟,随后,他又将32名船员全部杀掉"。后来的一个版本[7](跟现代有关汉尼拔·莱克特的小说差不多)是这样描述的,

---

[①] 约翰·韦恩·盖西,美国连环杀手。——译者注
[②] 山姆之子,美国嗜血狂魔。——译者注
[③] 查尔斯·曼森,美国邪教组织领袖。——译者注

这个疯狂的海盗把船长的嘴唇烤熟之后,又逼着船长吃掉。

为了让故事大卖,很多情节都是被夸大了的,这一点毫无疑问。不过,庭审记录的确对海盗的暴行有所记载。这类出版物,通常在递交判决结果之后的几天内便可印刷出来,开了媒体放大丑闻性庭审案影响力的先河。这类出版物中,有一段最令人震惊的描述,是关于"布里斯托尔杰恩船长"的,此人因虐待、杀害一名十几岁的船上侍者而被判刑,据说,那孩子只是从他的住处偷了一点儿朗姆酒。出版物的书名叫《残忍至极》,跟书中所讲的内容相比,书名取得似乎轻描淡写。书中描述了男孩儿所经受的痛苦以及受虐至死的经过:被挂在主桅杆上9天,遭受鞭刑,还被逼着喝下船长的尿等诸多暴行。[8]

在海盗们看来,杰恩船长这种暴虐的行径导致他无法善终。他被判了死刑,用的是大众眼中较为残忍的方式——脖子被吊了18分钟后,他才死去。不过,很多时候之所以夸大、虚构海盗的暴行,不只是为了诠释他们那种疯狂的精神状态。如果说伦敦或波士顿那些写小册子的人如此大肆渲染海盗的暴行是为了获取金钱上的利益,那么海盗们也同样是为了达到这个目的。树立这种嗜血狂魔、残暴野蛮的名声之后,海盗这个行当干起来就容易很多。一位商船船长若刚刚听说自己的一个同僚被海盗逼着吃掉自己身上的肉,恐怕这位船长只要一见到挂着黑帆的海盗船,很容易就会缴械投降。也就是说,他们是故意渲染他们这种疯癫状态的。针对海盗所维护的这个异常活跃的经济体系,经济史学家彼得·里森在其研究成果中——标题着实令人印象深刻,名为

《海盗经济学》——将海盗的极端暴力行为定义为一种符号行为：

> 为了防止俘虏们私藏东西……海盗们需要树立这样一种残忍、野蛮的名声。更何况，在这种名声的基础上再加上一点儿疯癫的色彩，也糟糕不到哪里去。海盗们将这种残暴、疯狂的名声固化成一种独属于自己的名声，奔驰汽车用的便是同样的方法：口碑与广告宣传。海盗们倒是没有在杂志上刊登光鲜亮丽的广告，但他们的确做到了让自己的暴行与疯狂广为人知，以此来巩固、宣传自己的名声。更重要的是，海盗从18世纪主流报纸那里收获了不错的宣传效果，这些报纸不经意间给他们残暴的名声增添了色彩，也间接巩固了他们的利益。[9]

伦敦、阿姆斯特丹与波士顿那些有进取心的出版商虽然彼此隔着万里海域，却不约而同地与海盗建立了这种共生的关系链：为了让出版物大卖，出版商们需要海盗们那些把人的心脏活生生地从胸膛里掏出来的故事；而海盗们也需要出版商们把这些故事尽可能广地传播出去，好让那些潜在的猎物产生恐惧心理。实际上，海盗黄金时代几乎刚好与印刷文化的兴起时间重合，这绝非偶然。14世纪珍妮·德克利松或许是因为在英吉利海峡潜行了十几年而为自己赚得了名声，但通常来讲，如果没有媒体的宣传，海盗是很难维持自身地位的。如果有谁想以海盗的身份谋生，那么拥有残忍与虐人的本性确实会有所助益，但与之相比，远扬的名声更为重要。

第三章
莫卧儿王朝的兴起

博兰山口·公元 663 年

中布拉灰岭从现今的巴基斯坦中心地域横穿而过,山峰高度普遍低于 3 000 米,相较北邻的喜马拉雅山脉略显逊色。此处绵延 55 英里的溪谷与峡谷嵌在布拉灰的石灰岩山脊中,浑然天成,是数世纪以来连接阿拉伯地区、印度河流域农垦区及垦区以外广袤的南亚次大陆的主要通道。如今,人们可以开车或乘坐火车一睹博兰山口的风采,这里因一条山溪而得名,经过溪水数千年的侵蚀形成了山口。这道山口的利用率并不高。1841 年,一位英国军官在写给皇家地理学会的信中这样描绘:"若山峰高处积有雨水,那么水流就会不定时地几乎垂直地落下来,有如从天而降,所经之处的一切全部被冲走,没有任何预兆。我的一位朋友就目睹过这种场景,当时他看见一队人、马匹、骆驼及所有其他家当都被水冲走了……大概被冲走了 37 个人。"[1]

公元 663 年,正值先知穆罕默德去世 31 年之际,一支穆斯林武装力量成功穿越博兰山口,沿布拉灰山麓进入了南亚次大陆区域的山谷。(他们的队伍中,可能还有几个曾给穆罕默德本人伴学的宗教门徒。)此次进军标志着穆斯林士兵首次接触印度本土的印度教文化。穆罕默德去世后,这支愤怒的部队继续奋战了三十几年，这种坚持也算情理之中。通常来讲，伊斯兰教的诞生要追溯到公元622年，当时穆罕默德离开了麦加；到公元650年，穆斯林军队彻底清除了罗马帝国的残余势力，占领了今叙利亚、伊拉克、伊朗、埃及等北非部分地区和阿富汗的大部分地区。由此来看，伊斯兰教信徒必然会继续向印度进军。此外，穆斯林贸易商们早就在印度西部地区的港口城市做起了生意，他们的商船穿越阿拉伯海，走的正是一千多年以后亨利·埃夫里走的航线。

然而，公元663年穿过博兰山口的那些士兵后来并没有开拓地盘。没多久，他们就遭遇了信德地区当时的统治者婆罗门人沙什的阻碍。不过，半世纪之后，穆罕默德·本·卡西姆成功反攻，统治了信德等印度河流域。在接下来的几百年里，伊斯兰教信徒与当地统治者轮流统治这片土地。不过，除了北部的几个地区，这群外来的入侵者从未设法掌控过多的印度领土。这群穆斯林入侵者后来被称为"边地之卑贱种族"（mlecchas）：一个带有轻蔑意味的词，用以隐喻地位低下的人，倒不算明晃晃的羞辱。之所以会这样，是因为塔尔沙漠（如今被视为巴基斯坦与印度两国的边界）这一天然屏障在一定程度上阻碍了他们的入侵。不过，双方之间的贸易往来的确在两种文化之间建立了一种持久的依存关系网。在世界史上，伊斯兰教信徒开创了真正意义上的全球综合性贸易网，范围从西非一直延伸到印度尼西亚。不过，要说在如此庞大的贸易网中哪条贸易线路的收益最高，恐怕要数阿拉伯地区与印度之间的马匹、香料、棉花这条贸易线路了（阿拉伯地区用马匹换印度的香料和棉花）。

后来，印度在这种全球性贸易中赚得盆满钵满，本就有着称霸野心的伊斯兰教信徒如何能抵抗这种诱惑？从公元元年到公元1500年，按全球GDP（国内生产总值）份额这一指标来衡量，世界上没有哪个国家（包括中国）或地区能比得过印度。[2] 印度将大量的珍珠、钻石、象牙、乌木和香料运往世界各地，使自己实现了长达一千年的贸易顺差。说起来，还没有哪种商品能像染色棉织物那样能让全世界都感到好奇，而且倾囊购买，它在整个印度史上都扮演着极为重要的角色。棉花与南亚次大陆之间的联系由来已久。印度河沿岸（现如今的巴基斯坦）出土的一只银制花瓶上贴着几块染色棉纺布。据悉，这种布料是公元前2300年左右纺织的，是世界上已知的最早的棉纤维织物之一。希罗多德曾在印度发现一种野生的植物，"它能产出一种纤维，比羊毛要美观，而且质量更好，印度人用它来做衣服"。[3] 刚开始，棉花推动了技术的创新与发展。相传，同一时期的阿旃陀石窟壁画（与棉纺织技术的诞生大致在同一时期）上就刻有印度人使用单辊机把种子从棉纤维中分离出来的场景，这便是早期伊莱·惠特尼轧棉机的雏形。

然而，原本会让南亚次大陆发生翻天覆地变化以及改变它与世界各国的经济关系的创新技术，并不涉及种子与棉纤维的分离；后来，那些想拿棉花做纺织的地方都研制出了某种机械式轧棉机。印度棉花独一无二之处并非棉线本身，而是棉线的色彩。[4] 用活性染料诸如茜草、凤仙花或姜黄使棉纤维上色这种工艺并不是发明机械装置的问题,更像是一种化学实验。棉纤维的蜡质纤维素本身是排斥植物染料的。(只有靛蓝那种深蓝色——得名于印度河流域,因为那里是率先使用这种染料的地方——可以在不用额外催化剂的情况下附着在棉纤维上。)将棉纤维转变成可以被除靛蓝色外的色调着色的纤维的过程被称为纤维的"动物质化",之所以这样说,大体上是因为在这个过程中,很多步骤都会用到普通农场动物的排泄物。染色工先要用酸奶将纤维漂白。接着,用一系列高蛋白物质——山羊尿、骆驼的排泄物、血液破坏纤维结构。再来,将金属盐与染料混合,形成一种能够渗透纤维结构核心的腐蚀性物质。最终便可以得到一种织物,[5]这种织物不仅可以被染成各种鲜艳的颜色,还能在多次洗涤之后保持原来的色彩。

至于何时发明的这种工艺,我们不得而知。不过,大致上可以确定的是,应该不是由某个有创作灵感的染色工发明的,而是经过数世纪的摸索与尝试才逐渐发展成熟的。公元前327年,亚历山大大帝进军南亚次大陆,这种带有色彩的棉织物太引人注目了,以至他手下的几名将军在描述战役场景时还特别提到了它。古希腊历史学家斯特拉波在对其进行描述时[6]引用了将军们的话:"印度有一种植物,能长出成团的、成束的、毛茸茸的东西。用它做成的棉织品比其他料子的质地要好,颜色也更白……看来,这个国家能创造出很多美丽的色彩。"[7]

亚历山大的部队从印度撤走之后对这种神奇的织物做了大肆宣传,使得人们对印度棉花痴迷不已,最终印度棉花浪潮席卷全球。人们之所以对印度棉花如此痴迷，大体上归结于它所具备的以下三种特质：织物柔软；能被染成各种鲜艳的颜色；洗后不褪色。在人类历史上，还没有哪一种织物能同时具备这三种特质。从亚历山大进军印度到幻想号与载宝船开战的两千多年间，人们一直在斥巨资挖掘、交易稀有金属矿藏，或者生产并售卖糖、胡椒之类较为贵重的调味品。但那一时期，没有哪种艺术品或产品产生的利润比得上印度染色棉织物。

从罗马时代一直到地理大发现时代，印度在全球贸易中是一股决定性力量，然而，在将自身产品销往世界各地方面，印度其实只扮演了一个边缘性的角色。历史学家斯特拉波的记载显示，每一年，埃及与希腊会雇用120艘罗马船前往印度西南沿海地区，用金银换取棉花、珠宝与香料。到10世纪末时，航运网几乎完全被穆斯林贸易商掌控。最终，形成了这样一个全球性的经济体系，在这一体系中，印度的社会群体生产价值连城的手工艺品，再由聚集在港口城市的那群穆斯林商人和水手把这些东西远销国际市场。

那么，印度为何不自己发展贸易网呢？这个问题让我们联想到了世界史上伟大的"如果式"思想实验之一。如果南亚次大陆在拥有丰饶的自然资源与创新技术的同时，还能拥有一颗开展海上贸易的雄心，想必在英国在18世纪取得经济飞跃之前，印度就已经走上工业化道路并在全球占据主导地位了。印度之所以不愿做贸易，是因为印度教信徒反对一切海上活动。《绳法经》中说，凡是进行"海上活动"的人，必失去其在种姓制度中的地位，若想解除这一惩罚，必须经过一系列复杂的忏悔："每日第四餐只能少许进食，早中晚三次奠酒时均须净身，白日站立，夜间盘坐。如此以三年为期，才可消除罪过。"[8] 虽短短几行字，却让人心有余悸。

有些历史学家辩称，尽管有这些戒律，但前几个世纪，印度精于海上活动的人要多于传统史学的记载。但不知为何，10世纪末时，穆斯林贸易船队突然涌进南亚次大陆，掌控起商品的流通来。早期，穆斯林对商贸的态度是开放、外向的，而印度的态度则是自闭、内向的。穆罕默德就做过商人，后来，他的信徒也发现，在销售优质商品的同时，还可以有效地与买家建立一种联系，最终好实现传教的目的。（现如今，伊斯兰教的影响范围几乎全部都是一千年前穆斯林经商的地方；那一时期，绝大多数伊斯兰教征战者都会在军队留下来后排挤当地的宗教信仰。）公元1000年左右，伊斯兰教是世界上最具国际性的宗教，由于商业的促进作用，它对不同文化与宗教背景的新人持最为开放、包容的态度。他们发现，他们在这些港口城市所接触的孤立文化令人困惑。11世纪的伊斯兰学者比鲁尼这样写道："那些印度人坚信，没有哪个国家比得过他们的国家，没有哪个民族比得过他们的民族，没有哪个君主比得过他们的君主，没有哪个宗教比得过他们的宗教，没有哪种科学比得过他们的科学，他们极度傲慢，如果你跟他们聊起霍拉桑或波斯的某项科学发明或某位学者，他们会把你当成一个无知的蠢货或说谎者。若当时他们能走出去看看世界，跟其他民族交流一下，他们就会很快改变这种想法。"[9]

第三章 莫卧儿王朝的兴起

印度教文化与伊斯兰文化虽截然不同，但直到11世纪前夕，两者相当和谐地共存了一段时期。然而这种状态没能长久地持续下去。1001年，伽色尼王朝苏丹马默德对南亚次大陆发动了他的第一次袭击，他的目标有两个，一是扫清这些异教徒，二是掠夺他们的宫殿与庙宇，以资助自己不断扩张的帝国。在接下来的30年里，他们相继发动了16次不同规模的袭击，1001年的是首次。3年后，他穿过了印度河；1008年，他冲进冈格拉城堡，掠走180千克金砖及两吨重的银锭。[10]

马默德不只有贪念，还针对印度教所崇拜的圣像（icon）展开了无情的抨击。["iconoclast"（反传统者）一词现如今偏褒义，形容那些异乎寻常之人，原指那些故意捣毁宗教象征的人。] 1030年马默德去世，那一年，其军队向南推进，最终抵达恒河平原。在两个世纪的时间里，穆罕默德·古里建立了德里苏丹国并首次使南亚次大陆受伊斯兰教控制，这种状态持续了5个世纪。

直到今天，穆斯林曾经统治印度的性质依旧是备受争议的话题。有一些说法突出了穆斯林统治文化中宽容的一面，主要是围绕1526年在巴布尔的带领下掌权的莫卧儿王朝。莫卧儿王朝鼎盛时期——这一时期的繁荣与16世纪后半叶阿克巴大帝的上台执政有关，印度终于享有活跃的经济氛围以及限制宗教歧视。阿克巴是一名世界文学家，他任命了很多非穆斯林担任民事职务，还免除了一项专门针对印度教徒的税。他甚至尝试着创立一种名为"神圣信仰"或者"神圣宗教"的混合性宗教，将伊斯兰教与印度教的元素融合。不过，他的这一想法并没有实现。

1658年，在竞争并不十分激烈的情况下，最后一位统治印度的穆斯林首脑登上了政治舞台，当时，亨利·埃夫里才几岁大。这位首脑的全称是阿布·穆扎法尔·穆希乌丁·穆罕默德·奥朗则布·阿拉姆吉尔，也就是世人所熟知的奥朗则布。

大家可以把17世纪50年代的一幕场景想象成这样一个分屏画面：英国西部地区一个普通人家迎来了一个新生儿，而5 000英里以外的某个地方，一个王朝的新任继承人刚刚登上孔雀宝座。这样两个云泥之别的人，无论是在地理空间、文化、阶级地位、信仰上还是在语言上，都没有任何交集。当时来看，二者不可能有联系，然而后续一系列事情的发生与发展终将导致奥朗则布与亨利·埃夫里陷入激烈冲突。

这种不太可能的交集最终造成的影响远远超出了常人的生活圈。17世纪50年代末观看这一分屏画面的观众虽能见到埃夫里的出生以及奥朗则布上台执政，但他们不太可能相信伊斯兰教在印度的统治气数已尽，即将让位于大英帝国的军队，而且后者对南亚次大陆的控制将持续两个多世纪。那时的英国控制印度已是现代社会的既定事实，不太可能出现别的情况。但是，如果当初亨利·埃夫里的人生轨迹略有变动，恐怕英国控制印度这件事就不会发生了。

第四章
人类公敌

阿尔及尔·1675 年左右

虽然亨利·埃夫里后来成了世界上最臭名昭著的海盗,但之前加入皇家海军时,他的初衷应该是铲除海盗祸患。阿德里安·范布勒克在其出版的埃夫里传记中写道,年轻的埃夫里"从普利茅斯起航",登上了"一艘战舰,前往阿尔及尔海盗老巢开展镇压行动"。18世纪流行的航海小说普遍采用叙事模式,范布勒克也不例外,他笔下的埃夫里很快就在船上混出了名声。他是这样写的:"在料理航海事务时,年轻的埃夫里表现出了异于常人的热情,不仅赢得了英国皇家海军战舰决心号(他所服役的船)众位长官的青睐,还赢得了指挥官海军少将劳森的好感……就在他表现得生龙活虎、精力充沛的同时,阿尔及尔的海盗终于被镇压了。"

范布勒克书中的内容还是有些史实依据的。确实有这么一位名叫约翰·劳森的海军中将,他也的确是决心号护卫舰的指挥官,舰上配有50门大炮,数年来,他的职责就是保护英国商船不受巴巴里海盗的侵扰,据说这群海盗经常在阿尔及尔、突尼斯,以及的黎波里区域滋事。但问题是,劳森在地中海海域就职的时间是17世纪60年代早期,1665年,在萨福克海岸与荷兰人的海战中，劳森丧生；次年，在与荷兰方面进行圣詹姆士日海战时，决心号被击沉。若亨利·埃夫里生于1659年的牛顿费勒斯，那么17世纪60年代早期前往阿尔及尔镇压海盗时，他得是一名少年老成的水手，才能在约翰·劳森身边服役。（或许，他之所以"生龙活虎、精力充沛"，是因为当时只是个三岁的孩子。）当然，在皇家海军舰队上经常能见到十几岁的男孩儿，而且据范布勒克的描述，[1]埃夫里是1653年出生的，那么他八九岁的时候以小侍从的身份在决心号上与劳森一同航行也不是没有可能的。然而，即便依照的是皇家海军的标准，征收他这个年纪的孩子入伍也是不太合乎常理的。再者，像他那个年纪的孩子，无论有多么"生龙活虎、精力充沛"，都不可能让一名海军将领对他印象深刻。

在第二个版本的描述中，决心号战舰——配有70门大炮，配备级别属于第三档次——于1667年出海，在17世纪60年代末同样被派去镇压巴巴里海盗，不过，船上没有劳森。如果大家坚持认为埃夫里生于1659年，还参与了那场海战，战争中"英国海军有力镇压阿尔及尔海盗"，那么最可能的情况就是，埃夫里是在17世纪70年代早期加入海军的，还在那一时期参加了一系列袭击巴巴里海岸城市的战争。

不管按照哪个版本的时间计算，埃夫里都应该是自愿参军去镇压巴巴里海盗的。埃夫里从小在英国西南部海岸长大，所以北非那些海盗组织应该是他童年噩梦的主要角色，他也应该经常能听到相关的民间传说。巴巴里海盗侵扰地中海海域的英国商船已达一个多世纪，不仅如此，他们也对英格兰和爱尔兰的沿海区域构成了更为直接的威胁。1631年，巴巴里海盗在深夜偷袭了科克郡巴尔的摩的爱尔兰小村庄，掳走了近100人，其中一半是孩子，他们被带到阿尔及尔，后被卖去做奴隶。14年后，居住在康沃尔郡海岸的240名英国人被抓去做奴隶。（后来，英国议会赎回了很多人，借此机会，这些人得以返还。）传言称，有多达60名巴巴里海盗守在英吉利海峡伺机而动，想要抓更多的俘虏回去，好供应阿尔及尔与的黎波里紧俏的奴隶市场。17世纪的大部分时间，英格兰或爱尔兰海岸附近的居民每天都过得提心吊胆：在没有任何防备的情况下很有可能被抓到北非监禁。1640年，据英国议会下设的阿尔及尔委员会估算，多达5 000名英国人被卖到北非做奴隶。这一数字表明，对于德文郡的普通居民来讲，突然被巴巴里海盗抓去做奴隶的概率要比现代西方城市遭遇恐怖袭击的概率高很多。

在英国人看来，依照一项古老的法律传统，巴巴里海盗这种掳人的罪犯属于"Hostis humani generis"范畴，拉丁文的意思是"人类公敌"，这是国际法中最早的术语之一。突袭沿海村庄绑架人并将人变卖为奴，这一违法行为的严重程度要高于那些常见的犯罪行为。巴巴里海盗所犯的罪行是危害整个人类的，因此，对他们给予再严厉的惩罚也不为过。数世纪以来，"人类公敌"可以说是海盗的专用称号。在英国海军"有力镇压阿尔及尔海盗"之后近20年，埃夫里及其追随者居然也背上了这一罪名，部分原因是，海盗所犯罪行的严重程度远远超出了普通罪行，还有部分原因是，他们的犯罪地点往往是在国际水域，司法管辖权的界定本身就比较模糊。将海盗定为"人类公敌",大陆地方当局就能以这一合法名义给他们定罪,哪怕是在遥远的地球另一端也照样可以。不过到了 20 世纪,"人类公敌"这一称号所涵盖的亡命之徒更为广泛:战犯、施虐者及恐怖主义者都被归入这一古老的罪名之下。"9·11"事件一过,美国司法部律师柳约翰(John Yoo)就援引"人类公敌"这一传统概念,意欲将"反恐战争"中用来对待敌方恐怖分子的极端方式合理化。其实,在审理关塔那摩和阿布格莱布监狱虐囚案时,所凭借的法律依据便是在处罚公海海域海盗犯罪行为时形成的。

其实,17 世纪时,英国方面给巴巴里海盗扣上人类公敌的帽子也不是没有私心的。世界上一些最臭名昭著的海盗都来自英国,曾经,海盗这一行当是为王室所大力支持的。而这一时期的英国法律明显想钻字面上的漏洞来掩盖这种自相矛盾的窘态,其所凭借的依据就是海盗与私掠者的性质是截然不同的。其实,从行为本质上讲,私掠者与海盗并没有什么区别:他们洗劫村镇,掠夺财物,抢劫船只,一路烧杀抢掠。然而,他们这种行为背后是有政府保护的,一张"私掠许可证"便赋予了他们可以随意袭击他国船只的权利。历史学家安格斯·康斯塔姆这样写道:"国家提供这种法律保护是能收到回报的,通常颁发私掠许可证的国家能拿到一定比例的回扣。只要私掠者遵守规则,只袭击私掠许可证上所列的敌国船只,就不会像海盗那样被判绞刑或终身监禁,或被立即处死。"[2] 按规定,私掠者只能劫掠公开敌对国的船只,还要在两国正式宣战的情况下。然而,这种界定往往是模糊的，当两国结束公开的敌对关系以后，早就过惯了海盗生活的私掠者往往很难就此收手。早期的海盗史学家查尔斯·约翰逊在《海盗通史》中说，经研究发现，"战时的私掠者本质上就是破坏和平的海盗的雏形"。[3]

早在爱德华一世统治时期，私掠就被当作一种正规的行当。当时，凡是遭遇海盗袭击的英国商船都被赋予"报复性劫掠权"，这便是私掠许可证的前身，他们可以利用这一权利私自抢劫非英国商船。严格上讲，这种规定的实质是以牙还牙：按规定，私掠者应只抢那些以前抢过他们的船。但实际上，私掠者哪有那么强的辨识力，况且，他们掠来的财物要比原本丢失的财物多得多。

16世纪，随着英国与西班牙的关系急剧恶化，私掠活动开始出现了。历史学家道格拉斯·伯吉斯描述："当时，有合法的贸易往来，有激进的重商主义思想，也有十足的海盗行径，都混杂在一起。"[4]西班牙大帆船从美洲运送大量的金、银、香料回塞维利亚，而此时，有了私掠许可证的保障，私掠者就可以免遭海盗的污名，私掠成了体面人的正经行当。最有名的一个例子就是弗朗西斯·德雷克，[5]他是德文郡一位牧师的儿子，16世纪70年代末环游世界，还组织并领导了一系列针对中美洲港口的毁灭性袭击行动，通过冒险积累了足够多的财富和声望，被伊丽莎白一世封为爵士，德文郡巴克兰修道院那高贵的庄园宅邸（如今由国民信托组织维护）也一并封赏给了他。正如伯吉斯所写的那样："德雷克的丰功伟绩不仅让他成了一个英雄人物，还让他成了一个典范，即评判未来海盗的标准，也是他们进行自我评判的标准。"

这一整段历史表明，年轻的亨利·埃夫里在随同皇家海军离开普利茅斯时就应该清楚，这世间有两种截然不同的海盗模式：一种是凶残的巴巴里海盗，活得毫无体面可言，是全人类的公敌；而德雷克以及其他成功的私掠者这类光鲜的人物受人尊敬，经历过大风大浪，凭借自己的努力名利双收。如果你是前者，这就意味着你要遭到世人的鄙视且不太可能过上体面的生活，更谈不上被封爵。在人们的认知中，二者的性质是截然相反的，这种认知至少持续了一个世纪，且人们并没有意识到自己的认知偏差。有一个很明显的原因，那就是绝大多数巴巴里海盗都是北非人，他们袭击无辜的英国民众，而德雷克及其同僚针对的则是新大陆上的那些西班牙移民。前者似乎带有野蛮的兽性且不被人接受，而后者简直就是效忠祖国、值得被加官晋爵的典范。

刚开启航海生涯的那几年，亨利·埃夫里绝对想不到（然而，他的行动却促使这两种看似不同的海盗模式产生了交叉与碰撞），有一天，他会用实际行动让英国人明白这样一件事：那些体面的私掠者当中，或许就存在着这么一头凶残的野兽。

第五章

两种财富

印度苏拉特·1608 年 8 月 24 日

1608 年 8 月下旬,在海上航行了一年有余的赫克托耳号大型商船在印度西海岸的达布蒂河河口停泊。商船这一路从伦敦出发,绕过非洲之角,中途在塞拉利昂和马达加斯加岛停了几次进行补给。对于那些沿河居住的印度人来讲,在达布蒂河见到欧洲商船并不是什么新鲜事;往上游 14 英里就是港口城市苏拉特,那里是红海航线上的贸易中心。不过,眼尖的人会发现,这艘赫克托耳号与别的船不同。当时,欧洲方面与印度的贸易往来是由葡萄牙人垄断的,自从有了 1499 年达·伽马那次闻名世界的远航,这一传统便流传下来,而此时赫克托耳号的到来标志着印度与欧洲之间的关系即将发生关键性转折。她是第一艘抵达南亚次大陆的英国船。

此次乘赫克托耳号前来的是东印度公司派来的代表威廉·霍金斯,此前他曾接受公司的委派前来做调研,当时是想探究与印度开辟新贸易渠道的可行性。1604 年《伦敦条约》出台后,紧张的局势得以普遍缓解,至此英西两国的战争结束了。这时,东印度公司觉得,葡萄牙方面或许会允许其他国家的贸易商进驻他们所垄断的印度港口。再者,东印度公司近来在香料群岛的生意遇到了些麻烦，董事们正急着寻觅新的市场。霍金斯带着一封詹姆士国王写给莫卧儿王朝贾汉吉尔大帝的信，信中表示，希望皇帝能赋予其"类似自由运输以及合理的安全与利益保障方面的特权"。[1]

到了苏拉特，霍金斯一开始被告知当地总督"身体欠佳"，不能与之会面。（霍金斯在日记中写道，他怀疑这位总督身体欠佳的原因是吸食鸦片而昏迷，不是生病。）而后，接待他的人换成了苏拉特港务长。霍金斯在日记中记载："我向其表明来意：想在苏拉特建立一家工厂，还带来了英国国王写给他们皇帝的信，信中同样提到了我刚刚所表达的意愿，我们国王希望能与他们的皇帝结为盟友，也希望莫卧儿能像其他国家的海关那样，允许臣民们自由往来、自由贸易；此次前来，船上装了些我们的商品，据以前来过这里的人的情报，他们有可能会购买。"[2]

起初，对方听了霍金斯的提议后，反应似乎还不错。在与这位港务长会面之后的第二天早上，他就接到消息称，那位总督身体好多了，能接见他了。会面那天，霍金斯穿的是一身做工精致的红色塔夫绸套装，上面绣有银色花边。这身衣服是在伦敦专门定制的，就是为了凸显一种大使的气场。接着，霍金斯向那位总督递交了礼品，再次表达了与贾汉吉尔政权建立商贸关系的迫切愿望。霍金斯写道："接待我时，他表情极为严肃，但大体上还算周到，向我表达了诚挚的欢迎，我也与之客套了一番。"然而，事实表明，这种所谓的欢迎并没有维持多久。一位名叫穆卡拉布·汗的海关官员扣留了霍金斯带来的部分"可售商品"，那些是他原本想卖给苏拉特商户的；其余的商品都落到了葡萄牙人手里，他们还抓了霍金斯手下的大部分船员，声称"印度洋是专属于葡萄牙的"。不仅如此，他们还策划了几起针对霍金斯的谋杀行动，霍金斯只好带着两个人逃走，就此开始了经由陆路前往首都阿格拉的长途旅程。他希望莫卧儿大帝能更加开放地接受他的主张，同意与詹姆士国王及东印度公司的贸易商结盟。

最终，霍金斯的坚持得到了回报。在阿格拉，他发现那里的建筑富丽堂皇，堡垒和宫殿都是用本地独特的红色砂岩建造的。（泰姬陵，即最为著名的象牙白大理石圆顶建筑将于20多年之后在此处开建。）亚穆纳河两旁有繁茂的热带花园，遍布八角形的水池、亭台楼阁及陵墓。结束了这一"苦难、辛劳、多灾多难"的旅程之后，阿格拉宛如梦中仙境。

与先前在苏拉特的会面相比，霍金斯与贾汉吉尔在宫廷里的会面可以说是非常成功的。苏拉特海关官员与那些葡萄牙人使霍金斯几乎失去了所有的"可售商品"，此时的他只能拿出一些像样的布料送给莫卧儿皇帝作献礼。好在詹姆士国王的信引起了贾汉吉尔的共鸣。"他用最为亲切的口吻对我说，"霍金斯后来这样写道，"他以神之名向我保证和承诺，他从心底认可并允准詹姆士国王在信中的请求，若国王另有他求，他会一并允准。"后来两人发现，原来他们都精通土耳其语，于是针对欧洲各国问题开展了一番长谈，后来双方终于达成了为期近四年的友好合作关系。

霍金斯从苏拉特逃出来后几乎所有东西都被抢走了，好几次险些丢了性命，可转眼之间，在莫卧儿大帝的仁政之下，他立即过上了富足体面的生活。贾汉吉尔封霍金斯为阿格拉的"常驻大使"。历史学家威廉·福斯特说:"皇帝赏给他400匹马,还有丰厚的津贴,他娶了一个亚美尼亚姑娘,跻身宫廷贵族。"霍金斯脱掉了那身破旧的塔夫绸套装,穿起了"穆斯林贵族的衣服"。

驻守阿格拉期间,霍金斯可是为古老的"东方主义"文学流派做出了不小的贡献:从欧洲人的视角出发,表达了对莫卧儿上流社会富裕程度的惊叹。在那里待的那几年,霍金斯日记中一半的内容都是在详细描绘莫卧儿王朝的奢侈生活方式。霍金斯这样写道,"他拥有如下诸多宝物",紧接着,他便细数了这位皇帝的"金币""各类宝石""黄金镶嵌的珠宝""各种奇珍",一直说到那金碧辉煌的宫廷:

这么说吧,大厅里有5把椅子,其中3把是银子做的,2把是金子做的;其余大概有100把椅子,是金银混制的。总共105把椅子。有200只珍贵的玻璃杯。还有100只价值连城、嵌有珠宝的酒瓶。有500只酒杯,其中50只非常昂贵,更确切地说,是由整块红宝石、绿宝石、绿松石及其他各种珍贵的宝石制成的。有珍珠链及各种昂贵的宝石链,还有珠宝钻石戒指,红尖晶石的,红宝石的,老式绿松石的,数不胜数,恐怕只有管家能知道具体的数量。[3]

霍金斯着实被莫卧儿大帝那数不尽的金银珠宝震撼了,这也让我们想起了当时欧洲与印度在交流的过程中逐渐形成的一种意识框架：很多欧洲人认为，在两种文化中，印度是更富有的一方。若仅凭奢侈品产值这一标准，二者的确没有可比性。当今的经济学家坚持认为，印度的人均GDP很可能接近1600年左右的欧洲，不过，南亚次大陆统治阶层的财富集中程度要比欧洲高很多。在绝大多数欧洲游客眼中，若拿社会顶层来做比较，诸如宫殿、皇家花园，以及所有外在的财富与文明形式，印度要更先进一些。

霍金斯在描述贾汉吉尔穿着的时候，有意地透露了莫卧儿大帝巨额财富的来源：

> 他拥有无数的钻石与其他宝石，通常每天都会换一款价值不菲的钻石……他还会戴极为昂贵的珍珠链，还有祖母绿与红宝石链。他的头巾镶有一颗珍珠和各种漂亮的钻石与其他宝石。历代祖先数次征战得来的奇珍异宝传给了他，再加上祖先们自己攒下来的财富，也全都给了他，难怪他会有那么多金银珠宝。此外，他手下那些贵族若是死了，攒下来的钱财和珠宝也都得归到他名下，之后他会拿出一部分给贵族的妻子和孩子们。今后的日子里，贵族的妻子和孩子们会从皇帝那里领取生活费。印度有的是银子，世界各国的人都拿钱买他们的商品，再拿回去卖钱。钱一流进印度就不流出了。[4]

"钱一流进印度就不流出了"这句话可谓印度经济发展规划的标语。从罗马时代起，印度就已经对欧洲人用于贸易的商品（用来交换印度的香料、棉织物及其他特别受欧洲消费者欢迎的商品）不感兴趣了。如果欧洲公民想要在自家餐桌上见到胡椒，想穿上棉布衣服，就得拿金条来换。然而，印度却没有拿这些钱去搞运营，而是把绝大多数钱都花在了那些富丽堂皇的物件，也就是那些令霍金斯及同时代的人备感惊叹的物件上。历史学家约翰·凯伊这样写道："印度痴迷于金银由来已久，他们恨不能把全世界的金子都搬回去，再把这些贵金属熔化，打成手镯，或用来购买织品及其他奢华的珍宝，完全无视它的经济潜力。"[5] 黄金以货币的形式流入印度，最终却变成了一种装饰物，这就如同一个人中了彩票，结果把取回来的百元钞票当成壁纸贴在墙上做装饰。然而不得不承认，17世纪早期，莫卧儿大帝所推行的经济模式貌似发挥了作用。如果当时的目标是积累巨额财富，那么莫卧儿大帝所推行的模式，应该说是詹姆士国王及欧洲其他君主的提议与主张，似乎是最可行的选择。

不过，威廉·霍金斯不仅是詹姆士国王派来的代表，某种程度上，他还是一位未来的使者。他既是一个国家，又是一家私营公司——东印度公司的代表。

所以从长远来看，霍金斯与贾汉吉尔之间的会面意义重大：双方的财富积累手段不同，而此次会面为二者创造了第一个衔接点。人类最开始的财富积累手段十分老套，几乎跟农业一样历史悠久：首先要称帝（国王、大帝），接着就可以以税收或关税的形式从臣民那里收取一定的费用。一直以来，这种手段都很管用。贾汉吉尔那"数不尽"的珍宝便是通过这种手段获得的，而且是政策允许范围内的显性收入。当时，这种程度的收入并不罕见。1600年，如果有谁想跻身这个超级富有的阶层，前提条件就是得伪造一个"皇室血脉"的身份。不过后来，情况发生了变化。几世纪以后，国家的首脑成了高级养老金的领取人，虽然生活富足，却大不如前。想真正赚钱，还要另寻他路。

所谓的他路，大抵上就是入股公司，成为它们的股东。现如今，《福布斯》富豪榜前100名很少见到皇室成员；排名靠前的那些超级富豪都是靠入股公开发行或半公开发行股票的公司赚钱的，他们要么是公司的创立者（比如比尔·盖茨和杰夫·贝佐斯），要么是投资人（比如沃伦·巴菲特）。作为东印度公司的代表兼詹姆士国王的大使，霍金斯要同时服务于这两大雇主。他发誓效忠于英国国王，而这位国王所提倡的维持统治的封建经济模式与贾汉吉尔所提倡的经济模式的意图是类似的。但同时，霍金斯也是东印度公司的代表，在绝大多数人眼中，这家公司是人类商业史上的首家股份制公司。

1600年12月31日，经伊丽莎白一世授权，一个名为"伦敦商人在东印度贸易的公司"的"法人团体"正式组建。英国社会中广大的富人阶层拥有公开交易的股权（投资者可以获得这家公司驻外企业的股份），这些人包括"伯爵与公爵、枢密院成员、法官与骑士、伯爵夫人与贵族女士、寡妇与少女、牧师、贸易商、店主与外地商人"[6]。在东印度公司成立之前，你如果想从这类刚刚兴起的全球贸易网中赚取少许利润，就得亲自跟随弗朗西斯·德雷克或者他同时代的同行去航海。（要么就得是皇室成员。）这种发行股票的方式给人提供了相当程度的便利，在伦敦，连咖啡屋都不用出，只需要买几只股票就可以。

最初，该公司发行的是"有期股票"，这要看是单程还是偶尔出现的三四程。比如，公司要筹集资金去香料群岛，如果行程顺利，所得的利润就可以按照原始投资比例分配给股东们。不过，到17世纪中叶，该公司的运营模式就变得跟当今大多数企业一样了：发行永久性股票，对公司目前及未来的一切经营行为进行投资。这一革新有两大好处，同时也有一个很有意思的负面影响。第一个好处是，从一个大的资金池中筹集资金就意味着，公司用巨额固定资产进行投机。比如，在世界范围内建造、运输船只，再到世界各地购买相应商品回来，卖给英国消费者。公司能够从普通公民那里筹集足够的钱，通过这种方式，公司就可以在没有国家直接监督与支持的情况下运作。（18世纪，处于鼎盛时期的东印度公司自身可以作为国家机构开展有效运营，它拥有自己的常备军与公司管理人员，控制着广袤的南亚次大陆地区。）第二个好处是，通过将股权分配给许多人，公司就可以将个人风险降到最低。如果有船只在从印度返航途中沉没，损失就会分摊到伦敦各投资阶层。不过，由于航运的资金来自许多小额投资，而非由单独某个皇室成员赞助，所以，沉船所造成的影响不会那么致命。

负面的影响就是，公开发行股票这种模式本身会衍生出二级市场。17世纪，股价会随着东印度公司的兴衰而有所起伏，不过绝大多数情况下股价的走向是上升的。1660—1680年，该公司股价翻了两番，大体上是因为那一时期的英国上流社会疯狂迷恋印花棉布。(17世纪80年代，东印度公司每年都要进口将近200万匹布料，相比之下，香料生意要逊色得多，想当初伊丽莎白女王还满怀期待地授予了该公司香料贸易权。）股价上涨催生了一种真正意义上的新型财富。公司原本是通过传统的运营模式赚钱的，可以追溯到穆斯林贸易商：低价买入，高价卖出，前后差价便是所得利润。其中的一部分利润会以分红的形式给投资者。但同时，股票交易环节产生了另一种财富，从长远来看，这种财富更具诱惑力。你给东印度公司投资，不只是因为公司能为你赚取利润，还因为在其他投资人看来，你所持股票的价值要高于当初购买股票的成本。

所以说，1609年春，这两人在阿格拉的会面是具有里程碑意义的，促使财富积累从原本的模式向另一种模式转变。这种转变从伦敦开始，最终席卷全球，因为到20世纪，股份制公司已然成为经济活动的主要组织形式，至少在私营企业领域是这样。与贾汉吉尔那些"绿宝石链和红宝石链"相比，霍金斯穿的那身塔夫绸套装很不起眼，不过，未来却是站在霍金斯这一边的。

虽然贾汉吉尔很喜欢霍金斯，但那些葡萄牙人想方设法地不让这个英国人插手印度贸易，就这样过了好几年。1611年，霍金斯离开了阿格拉，不久之后就在航行中去世了。直到1612年，莫卧儿大帝才准许东印度公司在苏拉特开设工厂。霍金斯的继任者托马斯·罗将贾汉吉尔的一封信护送到詹姆士国王手里，信中明确规定了以下条款：

我已向所有管辖内的领土与港口下达统一命令，接受所有的英国商人，把他们当成友好国家的臣民对待。无论他们想居住在哪里，都可以毫无约束地自由选择；他们所到的港口，无论是葡萄牙人还是其他人，都不得前去滋事；我已向所有地区的负责人和长官下达命令，无论他们今后定居在哪座城市，所提要求，全部允准；他们可以自由地买卖商品并运送回自己国家。

对于这家羽翼未丰的企业来讲，位于苏拉特的工厂的建立标志着它在印度领土上找到了第一个立足点。从这座小港口城市（近一个世纪以后，遭遇亨利·埃夫里掠夺的受害者前来此处实施报复行动）开始，英国人稳步拓展他们的领域，从他们在孟买和马德拉斯的定居情况就能明显地看出来。不久之后，整个南亚次大陆就都在东印度公司的掌控之下了。

第六章
西班牙远洋舰队

东伦敦·1693 年 8 月

虽然亨利·埃夫里的童年是在担惊受怕（害怕被巴巴里海盗抓去做奴隶）中度过的，但是这一经历似乎并没有影响他后来对奴隶制度的道德感受。史上第一位明确提及埃夫里（年轻时加入皇家海军之后）的人，是英国皇家非洲公司的一名代理人，名字叫托马斯·菲利普斯，他在 1693 年的一次报告中说，埃夫里做过奴隶贩子，当时在百慕大总督手下效力。当时皇家非洲公司垄断了英国在当地的奴隶贸易。英国历史总是对该公司那一时期从事大规模奴隶贸易这一事实轻描淡写，一再强调的是，18 世纪末，英国境内的奴隶制已基本被废除，英国殖民地除外。但历史学家戴维·奥卢索加研究发现："纵观整个大西洋奴隶贸易史，皇家非洲公司贩卖非洲人的数量比其他任何一家英国公司都要多……男人、女人、孩子，总共大概有 15 万人被该公司转卖，从此过上了悲惨的奴隶生活。"据皇家非洲公司代理人菲利普斯所说，17 世纪 90 年代初，亨利·埃夫里做过无证营业者，在皇家非洲公司官方垄断之外的地方活动，有时还会把英国贸易商以及他们身边跟着的非洲俘虏一同抓来。菲利普斯对埃夫里的描述近乎无误，但字里行间依旧涉及埃夫里的两个化名。这位代理人写道:"我在别处从未见过这么羞怯的黑人,这让我产生了某些联想,一定是 Long Ben(埃夫里的化名)那些厉害角色在抓他们的时候耍了什么手段。"[1]

不过直到第二年,埃夫里才真正登上了历史舞台的中心。一位名叫詹姆斯·胡布隆的富豪投资人兼议员在伦敦召集了一群相关人士,为一个新的投机活动集资。胡布隆是 12 个人之一,他是伦敦一个显赫家族的成员,这个家族与东印度公司有着千丝万缕的联系,他的哥哥约翰后来是英格兰银行的首位行长。(20 世纪 90 年代,约翰的肖像被印在 50 英镑面值的钞票上。)这项活动被命名为西班牙远洋舰队,计划组建一支配有枪支炮弹的舰队,然后一路驶向西印度群岛,跟那里的西班牙人进行几笔武器交易。詹姆斯·胡布隆之前做过西班牙酒水及其他食品的进口生意,赚了笔小钱,后来,他又利用自身与马德里方面的关系拿下了一单生意,还获得了西班牙国王卡洛斯二世的打捞许可。胡布隆及其投资人坚信,若西班牙远洋舰队能前去加勒比海地区打捞那些沉没的西班牙大帆船,就一定能捞到不少宝物,大赚一笔。这支远洋舰队由一位名叫唐阿图罗·奥伯恩的爱尔兰海军上将指挥,整支舰队由四艘船组成:詹姆斯号、鸽子号、第七子号以及一艘旗舰,这艘新造的气宇不凡的配有 46 门火炮的"武装船"名字叫作查理二世号。

胡布隆专门为西班牙远洋舰队打造了查理二世号,这艘船是在东伦敦船坞里建造的,东印度公司的船都是在那里造的。尽管查理二世号装有大量武器装备,行驶起来却异常快速而敏捷。那

第六章 西班牙远洋舰队

一时期遗存的资料显示，胡布隆特别喜欢这艘船。他称她为"出色的商船……是一艘拥有40余门火炮的强大护卫舰，是一艘不同凡响的航船"。胡布隆和其他投资人花钱造了这艘杀伤力巨大的旗舰，这样远洋舰队就足以自保，能抵御在西班牙海岸或西印度群岛可能会遇到的一切风险。一年前，约翰·胡布隆给贸易与种植园委员会写了一封言辞激昂的信，恳求对方能派一支军舰去护卫他从里斯本返航的商船。他提醒，十几艘巴巴里海盗船在海岸徘徊，"而且，葡萄牙海岸的法国私掠船已经拦截并劫持了好几艘英格兰与爱尔兰船"。几个月后，詹姆斯·胡布隆向枢密院提交了一封请愿书，表达了相同的意愿，为自己派去与西班牙进行贸易的商船申请海军支援。他在请愿书中写道："这批商船上装有很多西班牙羊毛，还有很多金币，以及其他很多值钱的东西。因此，由衷地恳求大人们伸以援手，派一支快速舰队将这批商船接回，这批商船绝对值得贵方动用舰队来抵挡途中的风险。"至于这艘拥有"40余门火炮的强大护卫舰"，在打造她之前，资金就已经筹备妥当，对此，胡布隆和西班牙远洋舰队其他投资人无须再向枢密院求助，查理二世号完全可以应对航行中可能会遇到的任何危险。

以往，胡布隆及其投资伙伴在招收船员时会承诺给他们发放固定工资，而针对此次远航，他们承诺给报名的人预付一个月的工资，这比皇家海军能提供的最优厚待遇还要慷慨。后来，西班牙远洋行动很快就被证明是失败的，至少最初的目标没有达成，紧接着，此次探险之旅引来了大量诉讼，我们也从一份记录文件中了解到当时针对船员制订的一系列财务计划。鸽子号上的一名高级水手工资是每月4英镑10先令，整个行程下来是82英镑，相当于今天的2万美元。再者，有那么多有钱人投资，船上饮食的富足程度要远超你所了解的那些乱七八糟的皇家海军船只（至少对普通船员来说是这样）。毫无疑问，但凡有些小心思的船员早就指望着能从中捞点儿什么作为工资以外的收入，于是，大家对此次远航更加期待了。

1693年8月，趁远洋舰队在泰晤士河停泊进行补给的时候，胡布隆前去做了一次探访。[2] 胡布隆对船员承诺，公司将在他们远航期间给予家属一定的补贴，希望他们航行期间一切顺利。之后不久，四艘船就扬帆起航，驶向泰晤士河河口，之后朝开阔的海域进发。

四艘船上大概有200人，此舰队因其船长经验丰富而出名。鸽子号的船长名为约翰·奈特，人们都称赞他是一位"头脑冷静、勤奋、博学的人"。据说，在西印度群岛这条航线上，他已经指挥过许多艘船了。在查理二世号上做引航的是一位经验丰富的西班牙航海家，名叫安德烈斯·加西亚·卡萨达。查理二世号原来的船长名叫约翰·斯特朗，据说，几年前，在现如今的海地海岸，此人成功地指挥了一次打捞行动。不过没多久，他就在航行途中去世了，取而代之的是一个名叫查尔斯·吉布森的酒鬼。

至于船长级别以下船员的个人信息就没有那么详细了。其中，詹姆斯号上的大副名叫托马斯·德鲁伊特；查理二世号上的二副是约瑟夫·格雷维特和戴维·克雷，还有后来被提为舵手的亨利·亚当斯。詹姆斯号上的管事是一名50岁的船员，名叫威廉·梅，他说自己是个"病秧子"，为自己的"君主与国家"效力了30年。船上还有一个49岁的舵手，名叫约翰·丹恩，来自罗切斯特。还有一个来自泰恩河畔纽卡斯尔的45岁水手，名叫爱德华·福赛思。与这一代人相对的是一群雄心勃勃又稍显稚嫩的年轻水手，[3]也就十几岁的样子。其中，有一个名叫菲利普·米德尔顿的，还有一个17岁的伦敦小伙子，名叫约翰·斯帕克斯，还有一个第一次参加出海行动的18岁水手，名叫威廉·毕晓普，此人后来声称自己是被迫服务詹姆斯号的。

西班牙远洋舰队中最引人注目的要数鸽子号的二副了，他是一个经验丰富的水手，也是一名科学家，名叫威廉·丹皮尔。40岁刚出头的时候，丹皮尔就已经进行过一次环球航行了，大大小小的航行加起来，跨越了17世纪的整个80年代。（他仍在努力，后来成为历史上首位完成三次环球航行的人。）在西班牙远洋舰队遭遇了重创之后，没过几年，丹皮尔就出版了一部航行回忆录，书名叫作《新环球航海记》。虽然书中对丹皮尔与查理二世号之间的关系只字未提，要知道，在当时，这绝对是大众媒体所关注的话题，但并不影响其跻身畅销书行列，就此掀起了传统的旅行写作的浪潮，其成为18世纪最为流行的非小说类体裁。不仅如此，就连小说家都深受丹皮尔故事的影响，包括丹尼尔·笛福的《鲁滨孙漂流记》和乔纳森·斯威夫特的《格列佛游记》，相当一部分取材源自他的这本《新环球航海记》。

这一旅行记录引起了海军部的关注，最终丹皮尔被提拔为英国皇家海军战舰罗巴克号的船长。后来，他指挥战舰前往大洋洲，开展了一次具有历史意义的航行，在那里，他记录了大洋洲大陆所独有的动植物。他在植物学方面有高深造诣，不仅如此，他在信风、潮汐与洋流之间的关系方面也做了一系列开创性的研究，这使其成了查尔斯·达尔文的榜样。达尔文在乘小猎犬号环球航行中广泛地阅读了丹皮尔的旅行记录与自然学研究资料。如今，位于伦敦的英国国家肖像画廊中就挂有威廉·丹皮尔的肖像。

事实上，丹皮尔对自己在查理二世号上的经历之所以如此小心谨慎——后来某些书中详细记录了他在航行中的细节表现，很有可能是因为早就做好了一番筹划的。在丹皮尔的职业生涯中，他一直游离在海盗与私掠者之间，但其行为一直都在法律所允许的范围内，所以，无论是在英国皇家学会还是在英国海军部，他都维持着一个良好的形象。与查理二世号之间的纠葛险些令其丧失了良好的形象，这都是因为另一个船员。这个船员也加入了西班牙远洋舰队，后来有一段时间，该船员的名气远远超过了我们这位威廉·丹皮尔：他就是查理二世号的大副亨利·埃夫里。

埃夫里当时也就30多岁，个子高高的，身体素质超好。同船的一名船员透露，他长着一双炯炯有神的灰色眼睛，戴着"浅色的假发"。当时，他所加入的那次航行看似前途无量，实际上却没有特别之处。想必在他那个年纪，像那种规模的航行，他已经经历过至少十几次了吧，那么，大副埃夫里站在查理二世号的甲板上随船沿泰晤士河向前驶的时候，他能否预料到，这次行程或将成为他人生的转折点？针对这一问题，就像有关亨利·埃夫

第六章　西班牙远洋舰队

里青年时期的诸多问题，历史上无据可查。不过，有一个事实是很明确的：那次航行结束时，埃夫里从大副升任船长，从一个名不见经传的水手一跃成了世界上最臭名昭著的罪犯。

然而对于西班牙远洋舰队中的其他5名成员而言，此次航行也算得到了"提升"，只是意义有所不同：他们被升到了行刑台的绞刑架上。

第七章

世界征服者

德里·1657年9月

　　泰姬陵中合葬着莫卧儿大帝沙贾汗及其皇后泰吉·玛哈尔，他们的陵寝每年都会对外开放3天，以纪念死去的沙贾汗，正是这位皇帝为亡妻建了这座史诗般的陵墓。对外开放的那几天，人们可以免费参观泰姬陵，这吸引了众多游客前去参观。陵墓看管者会拿着一块超级大的五彩斑斓的布（chadar，所谓的查达尔）——长达800多米，标志着开放活动正式开始。查达尔的颜色代表印度境内诸多派别的宗教，整个仪式充满了崇高而典雅的氛围，与陵墓"爱的纪念碑"很协调。

　　泰吉·玛哈尔的死给世界带来了伟大的建筑奇迹，而沙贾汗的死却没有那般轰动。印度大莫卧儿王朝体制的诸多结构特征都与欧洲的君主制类似——皇权神圣不可侵犯，皇帝拥有终生的专制统治权，凭借税收与关税过着奢华的生活，平日里生活在官僚主义氛围浓厚的宫廷里。虽说封建时期几乎整个欧洲都沿袭长子继承制，但穆斯林统治者却没有沿用这种制度，若莫卧儿皇帝去世，他的皇位不会直接由长子继承，他的子嗣都有合法的继承权。皇位一旦高悬，就意味着莫卧儿皇帝去世之后往往会即刻引发皇室兄弟的自相残杀。为了继承父亲的皇位，幸存的子嗣都会参与争斗。即便沙贾汗晚年的一系列做法让人觉得他心中充满了浪漫的爱情，但在年轻的时候，他却是一场不落地参与了残忍的夺权之战。贾汉吉尔与威廉·霍金斯那次重要的会面过去了近20年后，也就是1627年，贾汉吉尔去世了，他的儿子沙贾汗把自己的兄弟和两个侄子都杀了，登上了莫卧儿皇帝的宝座。

那次会面的近50年后，沙贾汗统治末期的夺权之战更为惨烈。

1657年9月的一天，61岁的莫卧儿皇帝因为一场疾病在新首都德里的宫廷里病倒了。17世纪著名历史学家哈菲汗（Khafi Khan）——后来印度人针对亨利·埃夫里罪行的重要陈词便是他搜集来的，在自己的一本编年史作品中提到沙贾汗得了一种叫作"淋证"的病，得这种病的人很痛苦，而且有尿频的症状，不过也有人说他患的是急性便秘。不久之后，沙贾汗就高烧不退，紧接着，他病危的谣言被传了出去。据哈菲汗所说："随后，这件事在高层统治者中引发了许多的混乱。"[1] 当然，现实情况肯定比他描述的惨烈得多。

眼看沙贾汗即将去世，沙贾汗的儿子们立即准备开展夺权之战。其中，舒贾王子与穆拉德王子两兄弟传令下去，将自己的肖像印在钱币上，舒贾甚至举行了加冕仪式，完全不顾父亲还在世的事实。不过，这两兄弟心里也一定清楚，他们继承沙贾汗皇位的可能性很小，因为老皇帝喜欢的是长子达罗王子。这位王子住在德里，多年来，代皇帝在公开场合发言的一直都是他。（达罗背后还有姐姐贾哈纳拉的支持，她在莫卧儿宫廷里有一定的影响力。）不过，达罗有一个致命的短板：他对伊斯兰教的忠诚曾一度遭到怀疑。由于受老祖宗巴布尔的影响，达罗与苏菲教徒、印度教徒及基督教徒有着广泛的社交与知识交流。他甚至曾公开主张"印度教的本质与伊斯兰教的本质是相同的"。[2] 在那些正统的穆斯林与宗教学者（所谓的乌莱玛）看来，达罗简直就是异教徒。这些人不愿回到更宽容的巴布尔时期，于是他们转而投靠了伊斯兰教的忠实信徒，也就是达罗的弟弟奥朗则布。

1658年春末，达罗与奥朗则布在阿格拉城外8英里处广阔的沙漠平原上展开了一场激烈的皇位争夺战。兄弟俩指挥着5万骑士交战，外加战象辅助。除了步枪、大炮，炮兵们还拿着用竹竿和铁弹丸制成的便携式火箭。达罗和奥朗则布在各自的轿厢中指挥战斗，轿厢绑在大象背上。正在双方混战之际，达罗的一名拉杰普特（印度精英武士种姓中的成员）一剑刺死了奥朗则布的一名守卫，试图砍断用来将奥朗则布王子轿厢绑在大象身上的绳子。据哈菲汗描述——这段生动形象的战争场景描写也算是在军事写作史上留下了浓墨重彩的一笔——当时，奥朗则布"立即意识到了他这种大胆的意图，暗自佩服他的勇敢，本想让手下制服这个鲁莽而无畏的家伙后留下活口，但对方终究没能逃过被乱刀砍死的下场"。[3]

战场上，达罗的信心遭遇了严重打击。哈菲汗这样写道："看到那些尊贵而英勇的追随者死伤，他备受触动。紧接着，他开始变得心烦意乱、犹豫不决，不知道该怎么办。"战场上最忌讳的就是踌躇不决。正当坐在轿厢中的达罗察觉到自己的回旋余地越来越小时,奥朗则布手下射过来的一支火箭直接击中了轿厢的外缘。达罗虽没有被伤到,却被吓到了,他从轿厢里下来,"甚至连鞋都没来得及穿",哈菲汗直言道,他见附近有一匹马,赶紧踩镫上马。战士们在厮杀的过程中发现指挥官所乘的大象步伐摇摆不定,再一看,轿厢中已空无一人,战士们的士气就更加低落了。达罗的仆人佩金帕或塔伦蒂诺的出现似乎像最后一根稻草:他递给达罗一筒箭,这时,一颗炮弹正好在两人中间炸开了,仆人的手腕被炸断,那颗炮弹原本是要炸死达罗的。"看到手下四处逃散,士兵连连被击退,虽对皇位有所憧憬,但与之相比,生命更重要,于是他转身逃走了。"[4]

  达罗逃走了,奥朗则布的其他竞争对手也非死即逃。1658年,奥朗则布赶紧为自己举办了一场加冕典礼,与此同时,他依旧在追捕自己的哥哥。奥朗则布意欲让公众舆论反对那位受欢迎的王子,于是,他公开谴责达罗是异教徒,并鼓励当地民众举报他的行踪。就这样,原本以继承人的身份过惯了奢华生活的达罗,如今却沦落为带着妻女和几名仆人在荒漠中逃亡的人。后来,他从阿格拉一路向西,逃到了古吉拉特邦。1659年夏,奥朗则布举行了第二次加冕典礼,这一次的规模要比前一次盛大很多,庆典活动持续了两个多月。绚烂的烟花表演照亮了德里的夜空,奥朗则布封赏了数千人,不用问,他这样做是为了拉拢宫廷里那些长期以来支持达罗继承皇位的人。奥朗则布给自己取的名号为阿拉姆吉尔——"世界征服者"。

奥朗则布在德里庆祝加冕，而此时的达罗正在最后一搏，他想穿过博兰山口，逃到波斯去。他在位于中布拉灰岭的马利克·吉万（当地一位很有钱的地主）家躲避了一段时间。他们到这里不久，达罗的妻子就得痢疾去世了。对于达罗来讲，重重困难压得他喘不过气来。哈菲汗这样写道："重重困难压在达罗心头，痛苦叠加着痛苦，忧愁叠加着忧愁，思绪再也无法恢复平静。"[5]最初，吉万说要护送达罗过博兰山口，但后来此人改变了主意。（或者说，打一开始吉万就是在跟他玩一场漫长的游戏。）正当达罗动身前往山口时，一群"土匪"袭击了他，很明显是受了吉万的指使。这位地主向奥朗则布通风报信，说他抓到了达罗，此时的奥朗则布还在享受着第二次加冕典礼的声乐与烟花表演。紧接着，这位新上台的莫卧儿皇帝就把达罗抓回了德里，之后，达罗被放在一头"脏兮兮的母象"背上，身上戴着铁链游街。不过，这一场面似乎适得其反，奥朗则布之所以公开羞辱达罗，是想坐实他叛教者的身份，没想到为他引来了很多支持者。看到德里的民众如此倾心于他们那位已然失势的王子，奥朗则布越发觉得，"为了百姓的安宁与国家的利益，不该再让达罗活在世上"。

1659年8月30日，达罗被处死。据说，他的头被砍下来装在一只盘子里，送到他弟弟面前过目。

亨利·埃夫里加入西班牙远洋舰队的时候，奥朗则布已经在孔雀宝座上坐了30多年，他的统治风格与当年的暴力夺权行径在本质上有着诸多共通之处：侵略性的军事行动，同时回归正统宗教。奥朗则布废除了巴布尔时期的学术多元化以及沙贾汗时期所热衷的具有开创性的建筑理念。（奥朗则布最早的建筑遗产都在那十几座被他毁掉的印度教寺庙里。）凡信仰印度教的商人乃至非穆斯林商人都得多缴一项新税。频繁的征战使得他所统治的疆域不断扩大，包括现如今的巴基斯坦、阿富汗及孟加拉国的大部分地区。身为大副的埃夫里乘着查理二世号，沿泰晤士河航行时，大莫卧儿王朝领土内有1.5亿人口。（当时，欧洲的总人口还不到1亿。）奥朗则布几乎算是世界上最富有的人了。

我们这位世界征服者虽然登上了宝座，但与此同时还有一件极为不光彩的事。当时传言说沙贾汗病危，其实他并没有去世，他儿子坐上孔雀宝座之后，他又活了8年。对于奥朗则布来说，8年的时间太长了，于是，他将他父王囚禁在阿格拉的红堡里。在那里度过余生的沙贾汗只能透过一扇小小的窗户遥望泰姬陵，遥想当年叱咤风云的自己。

第八章

等 待

西班牙阿科鲁尼亚·1693年冬至1694年

查理二世号的船员当初离开英国时满心欢喜，本想借此次航行有所收获，但事实证明，他们的一腔热情被浇了冷水。原计划快去快回，用两周的时间抵达西班牙港口城市阿科鲁尼亚——英国人称其为"格罗因"，给船做补给，取得附加文书，之后便一路乘着信风前往西印度群岛。但不知是何原因，此次前往西班牙的航行竟持续了5个月。这只是西班牙远洋舰队在途中遇到的第一道坎儿，后面还有很多。在阿科鲁尼亚停泊时，他们被告知此次航行所需的那份文件还在从马德里发来的路上。就这样，几周过去了，依旧没有失踪文件的消息，由于航期延误，船员们开始有些焦躁不安。后来，他们发现舰队并没有支付事先承诺的半年薪水，原本焦躁的情绪就更加严重了。一份递交詹姆斯·胡布隆的请愿书被驳回，此外，请愿者被关押进船舱的禁闭室。

即便在条件最好的时候，17世纪私掠船上的生活环境还是很艰苦的，容易引发幽闭恐惧症。其实，当一艘面积并不比网球场大多少的船在开阔的海域行驶数月，若还能有100或者更多人存活，那么这绝对能成为人类在根本不适宜生存的环境中创造维持生命的栖息地的长期历史中取得的伟大成就之一。当时的查理二世号给人的印象就相当于我们今天的国际空间站。她装载着46门火炮，从船头到船尾长度大概30米，借助船上的横梁来估算，船体大概有9米宽。算上3个主甲板以及船长在船尾的休息室，还有甲板下的全部空间，查理二世号能给这100多人提供的面积不到560平方米，连同武器装备、货物，以及让这100多人生存几个月的饮食。对于船长和几名高级船员来说，船上的生活条件还是相当可以的；船长在船尾的休息室装有窗户，空间相对来讲还算宽敞，能眺望开阔的海域，而且他有自己的私人厨房，能让他和他的下属一同气派地就餐，虽然不及欧洲富人在陆地上吃得那样好。

但是在甲板下的空间里，完全是另一番境况。在一艘满载货物的船上，能留给那些普通船员的住舱不到93平方米。天花板高度通常不到1.5米。想象一下，把一个人塞进一间典型的一居室，与其他100个男人同住，天花板比普通成年男性的身高还要矮0.3米，晚上想睡个好觉都不容易。况且这所谓的公寓还极容易在强烈的海洋风暴中猛烈地左右晃动，本想调整心情安抚一下那翻江倒海的肠胃，可是连一扇窗户都没有，连地平线都看不到。睡在你旁边吊床上的炮手还患有痢疾。查理二世号上的真实生活环境就是这样的。

与饮食条件比起来，他们的住宿条件还算好的。若世间存在吐槽文学，那肯定会有这样一类特殊的分支——船员们吐槽海上恶劣的饮食条件。查理二世号的西印度群岛之行过去几十年后，执行过另外一项私掠任务的船长这样回忆当时船上饮食供应短缺时的恶劣境况:"我们一直靠喝自己的尿维持生命,尿液虽然能暂时滋润一下嘴唇,却会让人更加口渴……我们常吃的食物是用糙面粉、糖果及盐水(和面时没有淡水)做成的糊糊,还有被蚂蚁、蟑螂和其他害虫啃食过的干巴巴的牛肉。"[1]还有一个私掠者这样描述17世纪末船员们在船上吃的圣诞节晚餐:"4个人,只有一点点爱尔兰牛肉,其他什么都没有,而且那牛肉腌了两三年,非常硬,上面加了点儿发臭的油或黄油,五彩斑斓,很多英国人给车轮做润滑都不会用那么差的油。"[2]

接下来的问题是,人们吃下这些食物后,排泄物要怎么处理。最初,船上的马桶都是挂在船首斜桅上。(现代用来表达上厕所的俚语——"hitting the head",便是源自这个典故。)不用说,空间拥挤,再加上卫生设施匮乏,更何况要去的地方是异国他乡,那里有这些欧洲人从未接触过的寄生虫和微生物,也就是说,船员们往往要面临恶劣的医疗状况。好莱坞电影在描述海盗与私掠者时,画面往往聚焦在战斗场景,比如开炮的场面以及甲板上动人心魄的对决场面,但实际上,那个时期海上生活的人更容易死于痢疾,而不是电影画面中的交战。在埃夫里那个年代,人们模糊地意识到,令人极度痛苦的往往也是致命的维生素C缺乏症(又被称为坏血病)能够通过往食物中加柠檬这种方法治疗。然而在那个年代,无论是在商船上还是在军用船上,这种病症都很猖獗。此外,性传播的疾病也伴随着海上的生活,他们在停靠的港口遇到了那里的妓女,感染了疾病又回到水手们中间。有一项针对33艘皇家海军舰艇的调查发现,将近10%的船员都不同程度地感染过性病，在有些船上，这一比率达到25%。我们现如今可以治愈的性病如梅毒在当时往往是不治之症。

空间拥挤，再加上食物供应紧缺，如此来看，船上简直就是疾病与营养不良发酵的源头。这句话包含两层含义：船上的生活条件使自身成了潜在病原体的繁殖地，但与此同时，其也可以被当作一种科研工具。像查理二世号这样的船给船上的医务人员提供了开展对照性实验的条件，即100名个体长期处于同一环境中。所以说，很多人都认为史上首次临床对照实验就是在这里的某一艘船上进行的（1747年，苏格兰医生詹姆斯·林德在船上开展实验，给船员分发不同类型的维生素C缺乏症治疗药物，有苹果汁、硫磺酸、海水和橙子，然后观察结果），这绝非毫无根据。

并不是所有随船医生都像林德那样以实验为依据。针对绝大多数病症，默认的治疗方法就是给病人放血。当时治疗痢疾的一系列手段在现如今看来简直滑稽透顶，可谓花样百出。比如，让病人坐在热砖头上，用热沙子把病人埋起来，一直埋到脖颈处。还有一种操作方法跟现代栓剂差不多。"拿一颗硬实的鸡蛋，"有一本医疗指南上是这样建议的，"剥掉蛋壳，把较小的那一头塞进肛门里，凉了之后再换一颗热的、新鲜的、硬实的，再剥掉蛋壳，重复上述操作。"[3]

恶劣的医疗条件，再加上营养摄入的不足，意味着像西班牙远洋之旅这样的航行，船员的死亡率是很高的，沉船事故致死的情况除外。当时人的平均预期寿命只有30多岁。1706年威廉·丹皮尔环球航行船上的一名大副透露，丹皮尔起程的时候手下有 183 人。可等他返航的时候,"经过海陆数次磨难,"[4] 只剩下了 18 人。

如果你想了解亨利·埃夫里当时的想法(离开欧洲海岸,在海上漂泊数月,盼着能重获自由,开启真正的西班牙远洋之旅),可以想象这样一幅画面:跟其他 100 名水手共同生活在一口漂浮着的棺材里,每晚都要花一番力气为自己争取几英尺的地方睡觉,与此同时,躺在一旁的人不停地挠着肩膀,你还得祈祷自己别感染天花病毒。

但话说回来,若站在亨利·埃夫里的立场上,你考虑的就不止这些事了。想象一下,你选择这样生活,因为在这些人当中,绝大多数选择这种海上生活是经过深思熟虑的。在每一个威廉·毕晓普(一个年轻的小伙子,声称自己是被迫加入西班牙远洋舰队的)看来,像埃夫里或丹皮尔那样的人至少有 10 个,他们都是争先恐后地加入私掠者队伍,并将此看作一种正经行当的。这些人在原来的生存环境中需要干繁重的体力活儿,备受压迫,而且很枯燥,比 21 世纪的任何一种生存环境,包括全球最为贫困、偏远的地区在内,都要差。

他们当初为什么抢着报名?薪水是一大诱惑。伦敦桥下的酒店和酒馆里,一种非正规的市场悄然兴起,在那里,一些能干的水手能同时受雇于多位雇主——水手是最早促使劳动力市场产生竞争的职业之一。[西班牙远洋舰队离开伦敦后的半个多世纪,水手们组织开展了劳工史上的首次大罢工。"strike"(罢工)一词源自他们的行话"striking"(落帆),指的是为使船停泊而

第八章 等 待

降下船帆,即收工之意。]凡报名参加西班牙远洋之旅那类航行的有能力的水手,其基本收入能赶上裁缝、织工这类工匠。虽然水手的饮食经常被象鼻虫与蚂蚁啃食,但航行期间的基本饮食供应还是能够保证的,这一点在合同中有所说明——在那样的年代,节省下来的伙食费可不是一笔小数目,要知道那些在陆地上工作的人所赚的钱几乎都要用来填饱肚子。

不仅如此,在船上也可以结下真挚的情谊。水手们的娱乐方式有打牌、听音乐。船上人的识字率也是非常高的。一项研究显示,70%以上的水手能在正规文件上签署自己的姓名,当时的人口统计学家便用这一标准来衡量早期社会中的识字率。当然,这些人远达不到像威廉·丹皮尔那种业余科学家兼旅行作家的水平,但是,船上的很多人能阅读图书和小册子,以此作为一种消遣。除此之外,性体验应该也算是其中的一种诱惑因素:终于可以摆脱欧洲基督教的宗教束缚,充满了对性"自由"的憧憬。牙买加东南部的皇家港曾是整个加勒比海地区规模最大的城市,它被誉为"新世界中的索多玛①"。水手不是只在港口边的妓院才可以有性体验。虽然所有正式与非正式的法律法规都明令禁止同性恋行为,但是在有些船上,一些情有可原的同性关系貌似是可以为人所接受的。

海上生活还能让人接触全新的事物,在17世纪的欧洲与印度,即便有些人的生活相对富足,他们依旧无法接触这些东西。

---

① 索多玛,《圣经·旧约》中记载的一处地名,是一个耽溺男色而淫乱、不忌讳同性性行为的性开放城市。——译者注

17世纪60年代，亨利·埃夫里在德文郡一个工人家庭长大，那里是英吉利海峡沿岸的一座小渔镇，若待在这个封闭的地方，亨利·埃夫里就不会有什么机会去见识其他新鲜事物。那个时候，小说这种东西还处于起步阶段；丹皮尔那具有开创性的旅行日记——相当于模拟了一次环球航行，在接下来的40年里都不会出版。剧院的演出能让人沉浸在虚拟世界里，教堂能专门打造出让人眼花缭乱的空间，可是，即便将这二者结合起来，所获得的体验也是有限的，尤其对于那些收入较低的人来讲，他们不可能去时尚的伦敦观看那样的演出。然而旅行就不一样了，它是真实的。如果你真想拓宽眼界，你就得通过这种古老的方式去实现。

所有诱惑点——金钱激励、私掠者生活方式的刺激性（包括性体验与地理冒险），还有海上生活的浪漫体验，某种程度上讲，都被17世纪的一种新生事物即大众媒体放大了。早期从事印刷媒体行业的人很快就意识到，他们的书籍与小册子封面上缺少知名度高的人。1500年左右，普通的英国民众除了直接关系网中的家人、朋友和邻居几乎不认识其他人。真正在国民当中有知名度的世人只有那些皇室成员以及一些小圈子里的政治人物，还有上层的一些神职人员。那个时候，没有出名的摇滚明星、亿万富翁企业家或真人秀明星。印刷媒体也做过这方面的努力——人类历史上的首创——试图吸引大众读者的眼球，然而大众读者之间缺乏足够的社交共性，无法形成实际意义上（或者说至少有利可图）的目标群体。一开始，针对这一问题，私掠者那种带有异国情调且饱受非议的生活方式为印刷媒体提供了一种解决措施。比如，像弗朗西斯·德雷克那样的人，来自社会最底层，做了水手之后发家致富、名利双收，成了他们那个时代的传奇。从这个角度来讲，海盗和私掠者应该算是我们现代版名人的先驱。亨利·埃夫里成了世界头号通缉犯并因此声名狼藉，但是从历史角度讲，值得我们关注的是此人声名狼藉的程度（影响范围）：除了军队的指挥官，除了管辖主要宗教教派的神职人员，除了生来就有皇室血统的人，很少有人能受到世界各地众多陌生人的关注。

当然，埃夫里之所以如此有名气，最直接的原因之一是，他为自己赢得了巨额财富，至少对于一个出身卑微的德文郡水手来讲是这样。在那个年代，埃夫里这个榜样人物没有出现之前，要想引诱水手自愿报名出海远航（类似西班牙远洋舰队），就得承诺给水手特别大的奖励。运气好的话，这种远洋冒险之旅能够赚到差不多相当于大副或者二副（也就是像埃夫里或者丹皮尔那样的人）10年的薪水（除去伦敦的投资人抽取的提成）。在那样的年代，无论如何都不会出现阶级流动现象，所以，出海寻宝是改变命运的唯一可行途径。考虑到本土的选择余地受限，一想到潜在的回报，冒患病、沉船、挨饿这些风险都是值得的。

可是，西班牙远洋舰队的人在阿科鲁尼亚等得越久，赚钱翻身的概率就越小。伦敦方面，几名船员的妻子找到了詹姆斯·胡布隆，私下里要求他支付原本在合同（她们的丈夫在出海前签订的）中承诺给船员家属的那笔钱。结果，胡布隆态度冰冷地表示，她们的丈夫此刻在西班牙，那里不属于他的管辖范畴。此刻被官方扣押的船员们不仅没能前往西印度群岛寻宝，就连工资都无法保障。等胡布隆那番不计后果的言辞一传到阿科鲁尼亚,谣言瞬间四起,说他们将要被卖到西班牙做奴隶。

就这样,船员们在阿科鲁尼亚的酒馆里从早混到晚,眼见西班牙远洋舰队前往西印度群岛的希望越来越渺茫,查理二世号的大副心中有了一个新的计划。

第二部分
Part Two

叛 变
THE MUTINY

第九章

喝醉的水手长

阿科鲁尼亚·1694 年 5 月 7 日

黄昏时分的柔光中,天空挂着四分月,中世纪的阿科鲁尼亚堡垒依稀可见,一艘大艇悄然朝詹姆斯号这边驶来。

在詹姆斯号主甲板上站岗的是大副托马斯·德鲁伊特。这时,只听大艇上有人喊了一句:"喝醉的水手长在船上吗?"[1] 听了这话,德鲁伊特不知是何意,而且光线较暗,看不清说话人的相貌,所以,他只调侃了一句。只听大艇上的陌生人小声嘟囔了一句,语气中带着些许警告——查理二世号"就要被劫走了——",紧接着就消失在黑漆漆的水雾中了。

大副德鲁伊特弄不明白"喝醉的水手长"是什么意思,然而船上的其他船员心里都清楚得很。过去的几周里,无论是在阿科鲁尼亚酒馆的酒桌上,还是在查理二世号甲板下面的密谈中,亨利·埃夫里和几名水手一直谋划着在查理二世号上发动一次叛变。他们事先说好用"喝醉的水手长"做暗号,意思就是一切准备就绪,随时可以动手,终于可以将扣押在阿科鲁尼亚港口长达 5 个月的伙计们解救出来了。

几百英尺以外的地方,二副戴维·克雷正从查理二世号的后甲板上走过,要去看看吉布森船长,听说他病倒了,貌似有发烧和酒精中毒的症状。没等走到船长休息室，克雷就遇到了几个人，其中包括中年水手威廉·梅、亨利·埃夫里和船上的木匠，几人正共享着一碗潘趣酒。匆匆看了一眼吉布森之后，克雷跟水手们坐到一起。他们看上去异常兴奋。梅提议祝酒："为了船长的健康，为了我们此次航行大有收获，干杯。"就当前西班牙远洋舰队所面临的严峻形势而言，这句祝酒词有些奇怪，更何况说这话的人很有可能会被卖到西班牙国王那里做奴隶。不管怎样，克雷还是举起了酒杯，接着，他就回自己的铺位去了。

我们再来说说詹姆斯号上的情况，德鲁伊特向船长汉弗莱斯汇报了刚才从大艇上听到的那句不祥的警示语。汉弗莱斯听后立即命令德鲁伊特"准备好中型艇"，大艇靠近詹姆斯号的动机大抵是想运送船员与货物进出港口。18岁的威廉·毕晓普听从命令，爬到中型艇上，准备从那些人手里将查理二世号解救出来。可就在这时，他发现身边出现了15个人，这些人似乎别有所图。"喝醉的水手长"这一暗语成功将信号发了出去。没等德鲁伊特赶到中型艇那里，就已经有25个人在艇上了，其中有爱德华·福赛思、詹姆斯·刘易斯和年轻的毕晓普。德鲁伊特命令这些人回来，他们却像没听见一样，拼了命地朝查理二世号那边驶去。

船员叛变已成不争的事实，原本就陷入困境的西班牙远洋舰队如今雪上加霜，汉弗莱斯船长陷入了左右为难的窘境：难道要眼睁睁地看着手下那群人去劫持查理二世号？那同僚吉布森船长就得承担一应致命的后果。或者，难道要把事做绝，朝自己的船员开火？

埃夫里的支持者们聚集在查理二世号的甲板上，而此时，他们在詹姆斯号上的同伙正穿过港口，朝他们这边驶来。原本计划在船停靠阿科鲁尼亚港期间就与吉布森展开正面谈判，等所有叛变者都聚到船上以后，看看是否可以在不动干戈的情况下让他交出指挥权。

可此时，汉弗莱斯和詹姆斯号上的人朝这边船头开了两枪，于是，短短几秒之内，计划有变。不管要与吉布森船长进行怎样的谈判与交涉，看来都得在公海上了。

中型艇上的叛变者很快就登上了船。查理二世号上的二副约瑟夫·格雷维特——大家都以为他是忠于吉布森船长的——被抓了起来，有人"拿枪顶着他胸口"，他被武装守卫押到甲板下面去了。就这样，亨利·埃夫里掌控了查理二世号；锚绳被砍断，船扬帆起航。埃夫里下令，把从詹姆斯号抢来的中型艇流放到海上。不知道德鲁伊特和汉弗莱斯用了什么方法，他们向阿科鲁尼亚堡垒发出警报，说有人叛变，于是，查理二世号驶离港口时，海陆两方面同时开炮，对其进行堵截。好在这艘船的航行速度快得惊人，这才躲过了一劫。

虽然整件事已经过去 300 多年了，而且当时没人想到接下来会引发一系列震惊全球的后果，然而查理二世号上发生的叛变事件是历史上罕见的，我们几乎可以重述当时的每一处细节，甚至事件发生时叛变人之间所说的每一句话。

说到这场叛变及其历史意义，倒是有一件讽刺的事。事件发生时,后来成为他那个时代最有影响力、最有成就的航海作家的人就在鸽子号上,他就是威廉·丹皮尔。不过,这些叛变细节可不是从他的作品当中了解到的。关于1694年5月7日的那一系列事件,丹皮尔在作品中只字未提。几年之后,伦敦法院的一名书记员在抄写案件参与者宣誓证词时才从中得知叛变的细节。至此,叛变的历史意义才为人所知。

当时,克雷正躺在前甲板下面的水手舱的吊床上,听到炮声的他一跃而起。看来,他们刚刚那些可疑的行为终于得到了证实:一定有大事要发生。于是,他爬上后甲板,随后发现埃夫里正在掌舵,准备将船驶出港口。站在一旁的是船上的那名木匠,看样子,他已然是埃夫里的左膀右臂了。

埃夫里抓住克雷的手问道:"你要跟我一起走吗?"

埃夫里两眼盯着克雷,克雷含糊其词:"我不知道你想干什么。"

经过一番紧张而隐晦的交流,埃夫里告诉他:"明早八点,你们就都明白了。"

这时,木匠插话,只见他把克雷拉到一边,激动地指了指埃夫里的方向。木匠说话时带着——多年后,克雷在证词里提及——一种猥琐、夸张的语气。

"没看出来这位老大的气势吗?"木匠质问。

克雷点点头:"看出来了。"

"这个人,还有老梅和奈特,我无条件相信他们。他们才是这场游戏的主角,才是老手。"接着,他威胁道,"你再不下去,我就敲碎你的脑袋。"

为了自己的生命安全,克雷回到甲板下面。正当往下走时,他发现威廉·梅站在舱口附近。据克雷所说,这个世故的水手一脸挑衅地问他:"你来这里干什么?"克雷不想再招惹是非,便没有回答他,继续往自己的铺位走去。梅咒骂了一句:"找死的家伙,就应该一枪打穿你的脑壳。"接着,梅还用枪抵着他的头。多年后,我们这个上了年纪的水手在法庭上回想起这句话时,依旧耿耿于怀。

被炮声惊醒的不止克雷一人。吉布森当时正在船长休息室里发着烧,后来终于迷迷糊糊地下了床。他感觉船体正在开阔的大西洋海域冲击着浪花。他跟跟跄跄地来到后甲板上,跟埃夫里撞了个正着。

吉布森努力了解情况:"是船出了问题,要起航吗?天气怎么样?"

"不,不,我们已经出海了,风力很好,天气也不错。"

吉布森更搞不懂了,大喊道:"出海了!怎么可能?"

埃夫里开门见山地跟他说了一番。"现在,我是这艘船的船长,这是我的船舱,"他说,"所以,你必须让位。我要去马达加斯加岛,要去谋发财的路子,这些勇敢的兄弟都要跟我一起走。"

紧接着,亨利·埃夫里跟船长谈了条件,至于具体细节,说法有所不同。有人说,埃夫里提议交换职位,让吉布森给他做大副,自己升任船长。但根据克雷对整件事的描述,埃夫里做出了一个更加慷慨的提议:"如果你继续留在船上,那么还是由你来做船长。"

吉布森当即拒绝了埃夫里的提议。"我从来没想过你会这么对我,要知道我对你们一直都很好,"他结结巴巴地说道,"要我背叛雇主,我是不会答应的。"

埃夫里点点头,说:"那么,你就得回到岸上去。"

历史上有明确记载:埃夫里及其拥护者允许吉布森体面地离开查理二世号(并不是所有叛变都会以这种文明的方式收尾)。跟吉布森分开之后,埃夫里亲自拜访了关押在船舱里的二副格雷维特。

"我猜你也不想跟我们一起走吧。"埃夫里说道。

格雷维特的回答正如埃夫里所料,于是,查理二世号的新船长也没有为难其余船员,就像对待吉布森那样:"你,还有其余船员,既然不愿跟我们走,就放你们回到岸上去。"不过,他们必须即刻动身。格雷维特被带到那艘中型艇上,"只背了些衣物"。

埃夫里真心想让前任船长和二副回到岸上去,然而眼前的情况变得复杂起来。黎明时分,查理二世号新组建的船员队伍——有些是叛变者,有些依旧心向詹姆斯·胡布隆和西班牙远洋舰队,聚在甲板上审视当前的境况。原来,查理二世号已经离岸10英里了。吉布森及其追随者只好乘坐查理二世号的中型艇回到岸上。

最后要离开查理二世号的时候,格雷维特从威廉·梅身旁经过,握住他的手,祝他一切顺利。据格雷维特所说,两人分开时,梅"一脸的兴奋与喜悦"。他跟格雷维特说的最后一句话是:"替我给我妻子带好儿。"临别时,埃夫里还给二副准备了几件衣服:外套和马甲,还有被格雷维特落在甲板下面的职级证书(也就是所谓的委任书)。分别时,他们的话语很友善。至于埃夫里最后跟被迫卸任的吉布森船长说了些什么,史上并没有相关的记载。

几分钟之后,17个人纷纷上了中型艇,准备划回阿科鲁尼亚。再看阿科鲁尼亚堡垒,早已从水平线处消失了。正当要离开时,他们发现这艘救生艇正在以惊人的速度漏水。这些人都是经验丰富的水手,很快就测算出:漏水如此严重的船,划不到10英里就得沉下去。然而此时已经离开查理二世号,格雷维特和他的助手们赶紧呼救,希望他们能扔下一只水桶来。这一情景瞬间让人觉得,整场看似兵不血刃的叛变其实都是假象:虽说脑袋没吃枪子,却要被淹死在海里。不过,好在查理二世号上的船员扔了一只桶下来,于是,这17名西班牙远洋舰队的忠实追随者开始了返回阿科鲁尼亚的漫长之旅。

吉布森船长环视了这16名对自己忠心耿耿的船员,他也一定能够发现,查理二世号的这艘救生艇其实还可以容纳更多人。

后来,正是救生艇上的这些空位成了判定查理二世号留守船员的犯罪动机的明确证据。以下两点事实是不容置疑的:埃夫里是默许相当数量的船员离开的,而且返港的救生艇上为更多人留了位子。综合这两点,就可以指控那些叛变者:他们有机会离开，却自愿选择了留下。

虽然大家对上述两点事实已达成共识，而且1694年5月7日的事件的所有细节也都浮出了水面，但这场叛变依旧带有罗生门的色彩。同样的事件，甚至是相同的陈述，如果有人认为有些叛变者是被迫追随埃夫里的，那么事件的性质就会变得截然不同。其中一个版本是这样陈述的，威廉·梅是埃夫里的一个关键盟友：他兴高采烈地举杯欢庆新征程；因克雷不愿加入叛变队伍而举枪威胁；送前任二副格雷维特登上救生艇，临别时一副愉悦的表情。然而，梅一直在为自己申冤，说当初加入叛变队伍并非自愿，说当时用潘趣酒致祝酒词并没有别的意思，说他举枪威胁克雷是忠于吉布森的表现，而非效忠埃夫里。

梅本人在陈述叛变过程时说道，跟克雷碰面之后没多久，他就去了当时查理二世号掌舵人埃夫里那里。当时，埃夫里发觉梅可能对自己有异心。他说："你，梅，我觉得你不太喜欢这样，还是回你的舱里去吧。"于是，梅回到自己住的地方，对自己的选择做了一番考量。接下来的场景，梅在证词中是这样描述的：

我当时在想，离开之前，必须看一眼我的老船长；我求他们让我去看看他；当时，有两个带着刀的人站在那里，不让我去见他。后来，我们交涉了一番，我求他们帮忙，让我进去，最后他们终于让我进去了；当时，医生正在给船长的太阳穴涂抹药膏……等我再出来时，他们正在赶这些人下船，其中就有二副格雷维特先生……我跟他说，记得替我向我妻子带好儿，因为我这辈子不太可能再见到她了，谁也走不了，除非他们愿意放行。

"谁也走不了，除非他们愿意放行。"我们再来看这句话，再结合当时的情景，那么梅最后跟格雷维特说的那些话就有了完全不同的意味：一个男人悲伤地请另一个人替自己给妻子带好儿，他这么做不是因为心甘情愿地选择跟一群叛徒出海冒险，而是因为别无选择，他心里清楚，再回来的可能性微乎其微。按照这个版本的陈述，梅不是埃夫里的副手与同谋，而是他的俘虏。

总结起来不过一两行字：一群醉酒之人致船长的祝酒词，船舱口的一句威胁，给配偶带的一句口信。但事实表明，如何解读这些简单的文字关乎威廉·梅的生死。

如果梅，还有查理二世号上的其他船员，并非自愿加入叛变队伍，那么当时的救生艇上依旧有空位，他们为何不与吉布森和格雷维特一同回到詹姆斯号上？据梅所说，是因为那艘救生艇出了问题。梅后来提供证词说："那些人上了船之后，就开始嚷着要一只水桶，否则船就会沉下去，而当时他们离岸边还有 9 英里。真是无法想象，如果更多人上了船，要怎样才能划那么远。按照王室方面所掌握的证据，他们很有可能连船带人一同沉到水里。"按照梅的陈述，摆在他面前的选择就是不公正的：要么成为一名叛变者，过违法的生活，要么就跟 17 名船员一起沉到大西洋那开阔的海域中被淹死。梅在法庭上辩解："如果我拒绝跟他们走，他们就会杀了我。我真的不知道，到底是作为从犯而死呢，还是要接受国家法律的制裁呢。"

最后，跟随查理二世号一起走的约有80人，他们正式宣告叛离西班牙远洋舰队。等他们正式开始航行，埃夫里重新命名了那艘船。如今，那艘船被改名为"幻想号"——既暗指船的质量，也暗指他们希望凭借这艘船而寻得的宝物。船上的人也有了新的身份，最初无论在叛变过程中扮演怎样的角色——头目、亲信或俘虏，如今，他们都变成了海盗。

第十章
幻想号

非洲西部大西洋·1694年5月至6月

  亨利·埃夫里升任幻想号船长之后的头一件事——如今，他和手下那些船员彻底断绝了与詹姆斯·胡布隆及西班牙远洋舰队的关系——就是制订一个所谓的冒险活动的利润分配计划。要知道，海盗一向不受国家法律约束，而且在某种程度上，就其无法无天的暴力行径而言，其绝对是名副其实的暴力分子。然而就是这样一群漂泊不定的人，往往会制定并遵守一系列约束自身行为的规定，包括他们之间的财务关系。绝大多数时候，海盗在起航之前会制定一个"协议条款"，以此规定旅途中船长、高级船员及普通船员之间的政治与经济关系。

  其中最为重要的是有关掠夺物分配的条款。大体上就像东印度公司的投资者那样，每个海盗都是该冒险事业的股东。如果运气够好，在航行途中掠夺了财物，那么这笔钱就要按照每个人所持有的股份进行分配。不过，与东印度公司（其实也包括几乎所有的现代企业）不同的是，绝大多数时候，海盗船的利润分配都尽可能地追求平等。举一个例子作为参考。如今美国企业高管的平均薪资比中等职员高271倍，而在埃夫里那个年代，皇家海军船上的船长以及军官级别的薪资是普通一等水兵的10倍。

在商船或者是像西班牙远洋舰队那样承担私掠任务的船上，二者的收入比低至 5∶1。海盗的收入分配更为平均。18 世纪，爱德华·罗所在的海盗船——为纪念埃夫里，罗将船命名为幻想号——制定的经济条款是这样的："船长拿两份，船主拿一份半，医生、副手、炮手及水手长各拿 1.25 份。"其余船员每人拿一份。亨利·埃夫里和手下人的分配标准更简单：埃夫里拿两份，其余每人拿一份。

即便当时幻想号还制定了其他协议条款，但终究没能在历史记载中留存下来。不过，我们倒是搜集了其他四份完整的海盗协议条款，制定时间是在埃夫里之旅后的几十年，其中涉及的有：罗的船、巴塞洛缪·罗伯茨的船、约翰·菲利普斯的船和乔治·劳瑟的船。这四份协议文件很有意思，乍一看，有的是关于海盗船日常消遣的，有的是关于海盗们为了和谐、维稳地度过航行期而建立的令人惊讶的微妙的管理体系。在这四份留存的条款中，罗伯茨那份读起来最为生动有趣：

1. 选举事务中，所有人均享有平等的投票权。任何时候掠夺来的新鲜食物与烈酒，所有人都有平等的享用权，随时可以享用，除非上述用品处于短缺状态，出于大局考虑，可经投票决定节省策略。
2. 所有人应公平享有按名单顺序领取奖金的权利，因为除了应得份额的酬劳，他们还应有额外的奖金。但是，若他们胆敢私占财产，无论是盘子、珠宝还是钱，哪怕只值一美元，都将被大家孤立。若有人胆敢抢夺他人财产，就得被割掉鼻子和耳朵，再被流放到岸上，吃尽苦头。

3. 任何人不得参与赌博活动，包括掷骰子或玩纸牌。

4. 晚上八点准时熄灯和蜡烛，之后若有人胆敢喝酒，就罚他一直坐在没有光线的露天甲板上。

5. 所有人必须保管好自己的随身武器，弯刀与枪必须保持清洁，时刻准备应战。

6. 不得带小伙子或女人上船。若有人胆敢诱骗后者上船，将其乔装打扮后带其出海，将被处以死刑。

7. 战斗时，若逃离船或自己所属的船舱，将被处以死刑或流放到孤岛。

8. 任何人不得在船上打架斗殴，若双方发生冲突，可以带上剑或枪到岸上决斗。双方事先背对背站立，待舵手发令，双方即刻转身开枪。若一方放弃对战，舵手就拿走他手中的枪支。若双方都没能击中对方，接下来，双方可以持弯刀对战，先让对方见血的获胜。

9. 在攒够1 000份之前，任何人不得谈论放弃原有生活方式之类的话。凡为了维护本船利益而跛脚或缺胳膊少腿的人均可从800份普通份额中获取8份，奖励力度按受伤程度成比例计算。

10. 船长与舵手各领取两份奖金，主炮手与水手长各领取一份半奖金，其他高级船员领取1.25份奖金，其他人各领取一份。

11. 乐师只享有在安息日休息的权利。其他时间只能视情况而定。[1]

在现代人看来，这一小型规章制度中的条款——大约是18世纪20年代制定的——似乎有些古板：现代社会中的绝大多数行政文件都不会针对决斗制定如此详细的条款，也不会在晚上八点以后禁止点蜡烛。然而海盗的这些规矩，或称为协议条款，在当时是很超前的。回想罗伯茨的船的条款中的第一项："选举事务中，所有人均享有平等的投票权。"要知道，海盗在规章制度中制定这种民主性条款，比美国革命与法国大革命还要早几十年。船长要为船员所接受，如果多数船员不喜欢他，他就得退位让贤。而海军船和商船则属于专制性组织，在船长的领导下，等级制度森严，船长在船上拥有绝对权力，没有任何机制遏制他滥用权力。与之形成鲜明对比的是，海盗船是漂泊在海上的民主组织。查尔斯·约翰逊在其1724年出版的畅销书《海盗通史》（用相当长的篇幅讲述了埃夫里及其犯罪事实）中说道，在海盗船上，"群众拥有最高权力，所以毫无疑问，他们可以根据自己的喜好与心情推举或罢免船长"。[2]

与他们的投票权相比，海盗船的管理模式更为讲究。在那一时期，绝大多数海盗船都建立了一种权力分散制度，与美国宪法架构极为相似。船长的权力是受到一定限制的，船长很有可能因为投票结果不利而下台，不仅如此，舵手的独立权力也会对船长产生制约作用。虽然在战斗时期船长拥有不受限制的权力，而且在部署整体任务时拥有绝对的领导权，但是绝大多数日常事务都是由舵手来裁决的，而且此人拥有掠夺物的分配权。引用约翰逊的话就是：

>关于对较轻的罪行的惩罚……海盗们会自主选出一位长官，冠以舵手的头衔，由他全权负责（战斗时期除外）。如果船员不服从他的命令，打架、闹不和，虐待俘虏，肆意掠夺，尤其要强调的是，若船员保管武器不当，一旦被他逮到，他们就得听凭他的处置，全船上下不得违逆。总之，这位长官是值得全员信任的人，掌管船上的掠夺物，分配给全船使用，只要他愿意……[3]

如果说船长是大家选举出来的领导，大体就像总裁或首席执行官那样，那么舵手则带有一职多角的特点，既有司法权力，决定如何惩罚船上发生的违规行为，还有着首席财务官的权力，掌管薪酬。若船长被罢免，那么舵手这种权威角色往往是继任船长的首选，就像叛变期间大副埃夫里夺权，成为查理二世号上的舵手一样。刚离开阿科鲁尼亚的头几天，船员们就推选出了一位舵手，辅助埃夫里。这人叫约瑟夫·道森，是一位30多岁、经验丰富的水手，来自加拿大雅茅斯。

海盗条款中还出现了另一个新款项，貌似也是当初幻想号船员们制定的，就是我们在罗伯茨的船第九条规定中所见到的："凡为了维护本船利益而跛脚或缺胳膊少腿的人均可从800份普通份额中获取8份，奖励力度按受伤程度成比例计算。"海盗组织将这种保险机制融入他们的制度当中，作为这一集体的核心法则。无论大家获得了多少掠夺物，凡在战斗中受重伤的人都会按不同比例分到相应的财物。他们的一些保险制度比罗伯茨的船上的条款还要精细和到位。18世纪的海盗兼奴隶贩子亚历山大·艾斯克默林（Alexandre Exquemelin）透露，受伤的船员会凭借伤情获得一定标准的补偿金：失去右臂的人比失去左臂的人拿到的补偿金多，没了一只眼睛的人跟没了一根手指的人拿到的补偿金差不多。[4]

综合上述几点来看——权力分散状态下的船上民主，公平的补偿方案，遭受重大伤害时的保险政策，在真正意义上，使得17世纪末18世纪初的海盗船在不受任何欧洲国家法律约束的同时更具先进性。海盗既是亡命之徒，也是先锋，建立了一系列保证全体船员团结一致的制度条款，又避免了权力与财富的过度集中。当人们还在探索现代跨国公司这种组织形式时，海盗们已经在尝试构建不同的经济体制（类似于工人集体制）了。以上经济与管理条款让近代历史学家对海盗这一群体有了重新认识，如今来看，他们不仅是犯罪与探险史上的重要角色，还是激进政治史的先驱。正如海洋历史学家J. S. 布罗姆利所写的那样，海盗"不仅逃离了束缚，他们至少在其所在的领域践行了自由、平等甚至友爱的理念，而这对新旧世界的绝大多数公民而言，是一种遥不可及的梦想，至少目前为止是这样"。[5]

18世纪初，马库斯·雷迪克在针对航海文化阐述权威性观点

时提到了海盗阶级的政治策略:

> 海盗们营造了一种无君主主义文化。18世纪初,他们最大限度地脱离了传统权威的环境:远离了教堂,远离了家庭,远离了常规的劳动环境,让海洋把自己与国家权力隔离开来,转而开展了一次奇怪的尝试……海盗们会公平合理地分摊生活中的机遇与风险,在危险面前,人人平等,无一例外,所得的掠夺物也会平等地分配,以此体现海上生活的集体主义精神。[6]

要想知道为什么亨利·埃夫里会在英国声名远扬,就得先弄清楚什么是平等主义精神。要知道,他们不仅仅是一群鲁莽的强盗,只知道追求海上的冒险与刺激,他们还在推行民粹主义价值观,[7]然而,当时大陆连这种观念都不曾出现。

当然,海盗们要想让这种工人阶级英雄的神话广为人知,光靠口口相传远远不够,他们还需要媒体宣传的力量。亨利·埃夫里以及幻想号上的其他船员很快就会成为名人,他们的事迹将被17世纪末各种形式的媒体(小册子、传记、公开的刑事审判记录,甚至戏剧)报道,或被赞扬,或被谴责。不过,亨利·埃夫里成为海盗的故事,会最先通过一种较为古老的媒介吸引英国国内工人阶级观众的关注,那就是民谣。

第十一章
海盗诗

伦敦·1694年6月

亨利·埃夫里及其追随者劫持查理二世号后就此以海盗身份去探寻宝藏，之后，詹姆斯·胡布隆以及西班牙远洋舰队背后的其他投资人是何时得知这一消息的，我们不得而知。如今来看，事情有些蹊跷，首先将这一消息传回伦敦的既不是报纸报道，也不是法律诉讼，更不是商业通信，英国境内最早传出埃夫里叛变消息的居然是一首诗。

1694年春末夏初，伦敦一位名叫西奥菲勒斯·刘易斯的印刷商出版了一首十三节民谣，标题为"近来出海寻宝的亨利·埃夫里船长写的一首诗"。这一标题的确很吸引人，能让人联想到新上任的埃夫里船长一边乘船穿过直布罗陀海峡，一边推敲诗的韵律，但几乎可以肯定的是，刘易斯出版的这首诗并不是埃夫里本人所写，而是另有其人。后来，诗文广受关注，在接下来的几年里，有好几个版本的"埃夫里诗"陆续发表。这些诗文之间略有不同，看样子，应该是一首诗早期被演绎之后形成的多种版本，很有可能是以口述民谣的形式传诵的。

媒体首次报道亨利·埃夫里在查理二世号叛变的消息时，恰巧赶上媒体转型的关键过渡点。其实，后来有关亨利·埃夫里的很多报道都遇到了这种情况：此次事件碰巧赶上民谣向印刷媒体转变。整个17世纪，在伦敦这类欧洲主要城市里，军事与政治新闻、民间传说及真实犯罪故事等，都是通过民谣的形式传播的，这种传统形式是由前谷登堡时代的吟游诗人传承下来的。不过，随着印刷技术的不断发展，那种被唱出来的民谣逐渐有了相应的纸质版——把文字与木刻插图印在一大张纸上。这便是我们通常所说的市井民谣，随后，街头卖唱者会通过叫卖主动兜售这些用音乐形式表达的时事。现代报纸最终从这些印刷新闻的早期实践中发展出来，卖唱者便是一直到20世纪还存在的经典报童的先驱，兜售报纸时要用标准的腔调唱出标题："泰坦尼克号沉船！快来看啊！"不过，卖唱者会用更多的唱腔来表达：他们会把新闻唱出来，以此吸引买家来买自己手中最新的市井民谣，唱"标题"时要用大众熟识的曲调。比如，"埃夫里诗"那篇报道就是用当时人们所熟悉的《两名英国旅行者》的调子唱出来的。

　　让我们想象一下，1694年6月初，漫步在伦敦桥下的街区——莱姆豪斯区、沃平区、罗瑟希德区，酒馆里挤满了水手与商船代表，这些人正在西班牙远洋航线上寻觅着新的商机。那里有马蹄踏在鹅卵石路面上发出的嘈杂声音，街头商贩的叫卖声，每家酒馆门前传出的争论声，夹杂其中的是卖唱者的声音，他们一边低声吟唱，一边朝路人晃动着手中的市井民谣。唱词中包括政治阴谋、异常天气及惊悚谋杀案，总之就是一系列时事新闻，相当于我们现在听的11点新闻。当时的人们漫步于大城市的街道，卖唱者会将这些新闻唱给行人听。你或许听过1694年春末的一首民谣,名叫《抗战在佛兰德的英国忠士》,据说,创作者是"英国军队中的一名新教的哨兵"。你或许用口哨吹过这样一首意境较为黑暗的歌,名叫《谋杀犯的哀歌》。(市井民谣有这样一段解说词:"这是约翰·朱斯特与威廉·巴特勒的一段供词,二人因抢劫杀害简·勒格朗夫人而被判死刑;因此被处决……"[1])而在某个角落里,一个卖唱者用一首新民谣唱小夜曲。严格来说,这首民谣讲的是一个犯罪故事,它预示着未来还将有更多犯罪事件发生,不过,它用的是一种号召和恳求人行动的虚夸文风:

来吧,英勇无畏的小伙子们,
我若许你们无尽的财富,你们是否愿意跟我一起去冒险?
快去阿科鲁尼亚吧,你们会在那里找到一艘船,
她叫幻想号,一定会让你们心旷神怡。

船长名叫埃夫里,那便是他的船;
他将乘着那艘船去闯荡,小伙子们,趁他还没行动——
去摆平那些法国人、西班牙人与葡萄牙人,还有异教徒,
他已向他们宣战,直到战死的那一天。

那船巨大无比,行驶起来像风一样,
船体经过组装、奇异改造,
所有设计均遵循便宜原则;

> 上帝保佑可怜的幻想号,她已向宝藏进发。

这首民谣透露了有关查理二世号叛变事件中足够多的关键事实——在除伦敦外的其他地方没有被报道的事实,看样子,写这首民谣的人一定得到了5月初那一系列事件的一手或者二手信息。民谣后面的部分暗指的是埃夫里德文郡老家的一些信息,不过,它说的是埃夫里跟当地一个显赫家族之间的联系(有可能不具有真实性)。("再见了,美丽的普利茅斯,该死的破地方/我曾经拥有那里的一部分土地/然而我被剥夺了权利,只好放弃/英国的同胞们,即将加入我的命运之旅。")民谣还准确地描述了埃夫里的路线:

> 离开这条气温带,
> 到更炎热的地方去,你们会听到我前行的消息,
> 带上这个时代勇敢耀眼的150名勇士,
> 全副武装,做好了与敌人交战的准备。
>
> 北方地区的日子并不好过,
> 我将扬帆起航,总有一天会让你们亲眼见到,
> 也不妨让全世界都知道,
> 我的目的地是波斯。

除了表明幻想号此行使命这一事实,民谣还以一种"自我歌

"颂"的方式表达了埃夫里的雄心壮志,这正是 5 月 7 日那天他向吉布森所表达的寻宝志向。透过它的韵律,读者能感受到一种前所未有的叙事手法的出现,它生动地展现白手起家之人的一千个海上故事——现在耳熟能详的霍雷肖·霍恩布洛尔的民谣,讲述一个有着雄心壮志的水手,自力更生,最后成了传奇人物的故事:

我们的名字将闪耀着划过天空,
我想去很多未知之地看看,
去法国人没去过的地方,
就连骄傲的荷兰人也不敢妄言去过。

我肩负重任,但我心甘情愿,
处于巅峰时期的我们,使命将更加重大;
相信我,朋友,就在这个时代,
从 1693 年开始,直到世界末日。[2]

正如历史学家乔尔·贝尔所说的,"埃夫里诗"喜欢避开叛变的事实细节。被无数街头卖唱者所兜售的犯罪事实叙述中,应该有对埃夫里夺取船只过程的细节描写。可据贝尔观察:"当一首有关善良的船长、野心勃勃的水手以及一系列残酷的忘恩负义行为的民谣符合新闻民谣的风格时,它便会广为流传。为此,作者把描述的重点从公开的背信弃义与抢劫转移到犯罪行为上,包括埃夫里自身的罪行、船员的罪行，以及（他背弃）社会的罪行。""埃夫里诗"从另一个重要方面打破了传统的创作风格。在那个时期，几乎所有以犯罪事件为背景的民谣都会从头到尾地把故事讲出来，从监狱到绞刑架，当然，值得注意的是罗宾汉谣曲除外。（这种市井民谣通常在公开处决现场售卖，就像在歌剧现场分发剧本一样。）目的就是让读者读过这些谋杀抢劫案之后心有余悸，不过，这类故事背后是有明确的道德取向的：罪犯终究会受到应有的惩罚。然而，虽然亨利·埃夫里的犯罪行为是不争的事实，但诗中所刻画的亨利·埃大里绝不是一个罪犯的形象，反而是个鼓舞人心的角色，激励着"英勇无畏的小伙子们"。

"埃夫里诗"之所以有如此大的影响力，还有另外一个原因，它史无前例地让埃夫里拥有了第二种身份：作为水手的埃夫里乘着幻想号，带着他的船员向好望角进发。而带有这第二种身份的埃夫里，也就是街头卖唱者在伦敦街头歌颂的这个人，随着时代的发展，他的故事会出现在各种形式的媒体上，从民谣到市井民谣，再到图书、舞台剧，他这个人也将越来越具有传奇色彩，而这种传奇色彩往往是严重偏离实际生活的。对他之后的那一代海盗甚至是整个英国来讲，带有传奇色彩的埃夫里确实影响力十足。

第十二章
乔赛亚先生是卖家还是买家？

伦敦·1694年8月

"埃夫里诗"原本是一种娱乐作品，跟民谣《浑身是胆的埃夫里船长》一样，都是为了取悦伦敦消费者。然而就在1694年夏末，它们居然成了一场法律纠纷的证据。6月，"埃夫里诗"刚刚在伦敦街头流行，西班牙远洋舰队留守船员的妻子们愤愤不平起来，她们向王室递交申请，请求王室对她们与詹姆斯·胡布隆之间的纠纷进行干预。她们称，西班牙远洋舰队的投资人，以胡布隆本人为首，有"欺诈"行为，想把她们的丈夫"送到西班牙国王服务机构去服侍国王，据我们所知，目前依旧如此"[1]。没过多久，枢密院开展了一次调查，请胡布隆递交辩护证据。胡布隆拿出了三份文件：一份是西班牙远洋舰队的投资人名单，目的是想让枢密院了解投资人的社会背景；第二份文件是船员们签订的劳务合同；再有就是一份市井民谣，即"近来出海寻宝的亨利·埃夫里船长写的一首诗"。

这首民谣虽然看似不大可能是埃夫里本人创作的，但胡布隆把它当作真的。他在提交给枢密院的意见书中表示，这首"埃夫里诗""向世人宣告了他们想成为海盗的意图，这些叛徒在阿科鲁尼亚留下了一堆烂摊子，使国家蒙受奇耻大辱，让雇主遭受巨大损失"。

8月16日，枢密院对最初的控告以及胡布隆的辩护材料进行了审查。之后，他们将案子移交贸易与种植园委员会，9月初，委员会听取了附加证词。胡布隆的辩护策略貌似起了作用：委员会好像并没有理会船员妻子们的控告，而是把焦点放在了查理二世号盗窃案上。委员会发布了一份正式公告："或将下达指令，停止查理二世号及其舰队所有船的一切活动，全部扣押在贸易与种植园安全管理处，无论查理二世号在哪里。"就这样，亨利·埃夫里及其船员第一次成了官方认定的逃犯。

直到1695年春，西班牙远洋舰队的那些留守船员吃了好长一段时间的苦头之后终于从阿科鲁尼亚回来了，于是，胡布隆继续受法律诉讼的困扰。以威廉·丹皮尔为首的非叛变者上诉至高等海事法庭，尝试向胡布隆及其他投资人索要工资。丹皮尔称，原本合同规定给他82英镑的服役费，可最终到手的只有4英镑。结果，远洋舰队的投资人通过间接证据成功地辩称，丹皮尔及其他高级船员违抗命令并协助埃夫里与其他叛变者劫持查理二世号逃跑。（关于整件事，丹皮尔一直保持沉默——他关心的是政府方面潜在的赞助者，不愿冒被贴上叛变者标签的风险，这应该是对他这种反应的最合理解释。）1696年1月，案件最终被驳回。丹皮尔没有得到赔偿，不过那个时候，他正在对他的海上生活回忆录做最后的修改。后来，他从这本书上赚到的钱比西班牙远洋舰队承诺给他的还要多。

西班牙远洋舰队的财务丑闻在最初阶段并没有吸引伦敦媒体

方面的关注。在海运业，因未发放工资而引起的纠纷比比皆是；通常，高等海事法庭每年能接到100多起类似的案件。不过，当时恰逢一场严重的经济危机，所以与之相比，西班牙远洋舰队发生法律纠纷这件事就是小巫见大巫了，所谓的经济危机就是东印度公司的股价暴跌。

17世纪下半叶，由于伦敦上层社会对白棉布与印花棉布的无尽需求，该公司创造了史上罕见的利润增长。1657年，该公司转型为现代公司，它着手发行普通股票，这意味着投资人投资的对象是整个公司，而非某一次航行任务。在接下来的30年里，该公司完成了400多次前往印度的远洋任务，而且纺织品生意所占的比重越来越大。1670年，棉织品的进口比重略高于50%，胡椒与其他香料的比重首次出现落后现象。17世纪80年代中期，白棉布与印花棉布的进口比重占该公司与印度贸易的86%。英国人对印度棉织品的无尽需求为该公司的投资者赢得了史上最高的利润回报。17世纪60年代中期，该公司价值100英镑的股票，到1680年，价值已超过500英镑。当时该公司的分红政策比现代公司慷慨得多。17世纪下半叶，公司连续多年都按照每年20%的红利分给投资人，而在17世纪80年代疯狂开展印花棉布贸易的那段时间，公司分给投资人的红利高达50%。1657年，投资人若买入100英镑的股票，那么到1691年，他就能获得840英镑的红利，这创造了史上最高的股票增长率。虽说当时这种财富创造力不及当今数字时代的首次公开募股这般具有戏剧性——1980年，苹果首次公开募股时投资100美元，现如今价值约为4万美元——但在17世纪,如此高的投资回报率是前所未有的。[2]

然而从17世纪80年代末开始,一系列政治与金融丑闻对该公司的经济前景造成了毁灭性打击。除了股份制,该公司还有其他方面的创新,其中不乏暗箱操作类的创新,这些创新在当今的金融市场中是很常见的。乔赛亚·蔡尔德是公司里一位行事激进的高管(相当于现如今公司中的首席执行官),考虑到公司在印度的发展前景,他琢磨出了一套操控市场的手段,即选择性地发布信息,其中包含不同程度的真假信息。几年后,当谈论起蔡尔德这种手段在当时投资者中间造成的影响时,丹尼尔·笛福在其著作《交易所剖析》中是这样描述的:

东印度公司的股票是焦点,所有加入这一市场的人,眼睛都盯在那些经纪人身上。所谓的经纪人就是受乔赛亚操控的人,他们会听从他的指令,征询他的意见:"乔赛亚先生,到底是买入还是卖出?"如果乔赛亚先生想买入,那么他首先要做的就是给手下那些经纪人下达指令,让他们一边装出苦瓜脸,一边摇头,以此暗示大家印度方面传来了不利消息。结果,有人听信了,"我从乔赛亚先生那里得到正式委托,赶紧把手里的股票都卖了"。这时候,他们会抛出1万英镑或者2万英镑的股票。紧接着,交易所里就会……挤满了卖股票的人;没有人会再投1先令,直到股价下跌6%、7%、8%、10%,甚至更多;随后,那些狡猾的股票经纪人就会雇人买股票,但行事小心谨慎,最后股票就都到了他们手中。[3]

当然，这种公然的操控行为现如今可能会引来证券交易委员会的调查，但当时是17世纪80年代，我们现在所熟悉的一切有关公开交易的规则正处于创造的过程中，法律还没有严格地界定公开欺诈与精准投资之间的区别。当时，印度国内的信息流渠道并不完善，蔡尔德钻的正是这个空子。该公司在印度的贸易垄断地位令其顺势掌控了南亚次大陆的信息流，于是，为了操控股价，该公司就可以从头到尾地编造整个故事，完全不用担心新闻实体或是对手公司来做事实核查。正如笛福所写的那样：

听说，有人专门负责从东印度群岛把信寄出来，信中可以把顺利抵达目的地的船说成失事的，也可以把失事的船说成顺利抵达目的地；本来英国跟莫卧儿王朝的关系非常安定和谐，却可以编造出开战的谎言，即便莫卧儿王朝派来10万人与孟买工厂对战，也可以编造出关系和睦的鬼话。总之，他们可以随心所欲地用谣言来掌控股价的涨跌，进而实现其低价买入、高价卖出的目的。

该公司的影响力越来越大，再加上它利用各种不正当的金融手段，使得公众越发迫切地恳请英国议会撤销其授予该公司在印度方面的贸易特许经营权。乔赛亚·蔡尔德通过给詹姆士二世的王室成员提供巨额回扣的方式获得了他们对该公司的支持，然而在1688年的光荣革命中，奥兰治亲王威廉推翻了詹姆士的统治，该公司数年的苦心经营一夜间化为泡影。威廉举行加冕仪式后不久，议会就针对蔡尔德及其手下高管的腐败行为展开了一系列调查，之后形成了一项提议：新建一家东印度公司，与原来的公司竞争，而且募股范围扩大到英商阶层。

在伦敦，该公司遭受了重创，与此同时，它在印度也连连受挫。东印度公司驻苏拉特工厂——1608年威廉·霍金斯登陆的地方，与奥朗则布的代表之间的纠纷越发严重。于是，为了争取更多的贸易自主权，公司把总部迁到了康坎海岸一处由七座岛屿组成的群岛，在苏拉特以南近200英里的地方。群岛原本归葡萄牙管辖，1661年葡萄牙布拉干萨王朝的凯瑟琳公主嫁给查理二世的时候作为嫁妆划给了英国。7年后，该群岛就租给了东印度公司，到1687年，公司就把那里作为最初的驻印度基地。葡萄牙方面称该群岛为Bombaim（孟拜姆岛），后来，他们换了一个更具英式风格的发音，一直沿用到20世纪，名字就叫Bombay（孟买）。

查理二世允准的特许经营权中包括公司拥有在孟买总部建铸币厂的权力，部分原因是通过这种模式建立的贸易货币比印度市场当时流通的较为混乱的私人和政府混合赞助的货币更为稳定。公司还招收了一位了不起的人物，他名叫塞缪尔·安斯利，19岁的他负责监管铸币厂的运营。安斯利的父亲是一位了不起的有独特政治见解的牧师，其家族在学识与神学史方面有着很高的成就。他的父亲还是丹尼尔·笛福的朋友，他的父亲去世时，丹尼尔·笛福还写了挽歌。他的外甥名叫约翰·卫斯理，即卫理公会创始人。然而，与神学相比，安斯利对经商有着更为浓厚的兴趣。可无论他在工作上有怎样的企业家才能，但当抵达孟买时，他发现铸币厂已是名存实亡。他的传记作家阿诺德·赖特这样写道："铸币厂还在那里，依旧勉强运营着，可是根本就没有额外的货币需求。摆在眼前的问题是，要如何消耗已经铸造的货币。这种货币是无法在群岛以外的地方流通的，而在群岛，货币的市场需求日益萎缩。"[4] 不久之后，安斯利就被派去苏拉特，帮忙监管那里的工厂。

到了苏拉特，安斯利发现了比孟买新总部还要稳固的据点。东印度公司工厂成长为一排排仓库与宿舍的集合体，被一堵墙围着，俯视着达布蒂河泥泞的河口。该城镇本身就有多达20万居民，作为红海航线上的贸易中心，这里的商业活动所创造的财富足以令其繁华地段高楼林立，有"大理石宫殿、美丽飘香的花园及喷泉，还有令人眼花缭乱的昂贵装饰"[5]。安斯利很快就融入了更为广泛的贸易团体。据赖特所说，没几年时间，"他就摸清了公司业务在苏拉特步履维艰的原因，他与当地贸易团体建立了紧密的关系，也掌握了当地官方参与的秘密关系网"。在苏拉特的那段时间，令其尤感不平的是，当地的贸易团体一直有一种根深蒂固的思想，莫卧儿当权者也这么认为，那就是东印度公司与红海航线上的海盗之间有着切不断的联系。安斯利在给孟买总部回信时这样写道："如果不是因为海盗，我们应该可以比以往任何时候更顺利地或更光荣地、有信用地、体面地在这里生活。"[6]

在孟买，这种根深蒂固的思想连累了公司方面的代表——人称"代理人",此外,他们要应对其他方面的威胁。公司将业务转移到孟买城堡,本希望能避开头脑一时发热的奥朗则布,享受更多自由的空间。(公司主管说:"虽然我们做的是单纯的贸易业务,没有征战的动机,可即便如此,我们也不敢放开手来做贸易,不敢把钱投到没有安全保障的领域。"[7])然而,他们所在地位于一片亚热带沼泽地,所以不得不承受当地的另一种风险:疾病。1690年,一个游客目睹英国商人感染了当时流行的"鼠疫,进而因脏器衰竭而匆匆离世"[8]。有些报道称,当时,瘟疫席卷整个群岛,一半以上的居民因此丧命。与此同时,奥朗则布一再挑战公司的贸易权力。他还临时囚禁了公司在苏拉特的代表,并围攻孟买城堡,将城堡墙外的仓库洗劫一空。双方最终以和谈的方式休战,公司被迫赔付15万卢比,并承诺"未来一定会规规矩矩地做事,不会再做出这种可耻的举动"[9]。

公司这边刚与奥朗则布的脆弱关系有所缓和,英国国内更大的麻烦就接踵而至。1693年,英国下议院经投票表决,解散原有公司,重新建立一家开放性更强的对印贸易公司。然而,眼看原有公司就要一命呜呼时,威廉扭转了局势,在议会休假期间续签了特许令。接着,怒火中烧的议会立即通过了一项决议,宣布"凡英国臣民,均享有与东印度群岛进行贸易合作的平等权利"。1695年5月,西班牙远洋舰队一案即将结案时,议会又开始针对东印度公司最高层的腐败问题展开调查。尼克·罗宾斯在其笔下的东印度公司发展史中这样写道:"虽说当时的环境较为宽松,但调查结果令政治家们大跌眼镜。一组议员仔细检查了该公司的账目，发现了一个复杂的行贿网，整个网络以托马斯·库克爵士（蔡尔德的女婿）为中心。光荣革命之后的 6 年里，'公司特别服务费'高达 107 013 英镑，其中，1693 年一笔高达 80 468 英镑的支出是用来获得一项新的特许权的。"[10]

毫无疑问，这种持续的动荡以及未来的不确定性对公司股价造成了灾难性打击，1695 年一年间，股价就跌了 35%。次年的跌幅与上一年近乎持平。

所有变动——腐败调查、与奥朗则布仍然紧张的关系以及丧失独家特许经营权的危机，还有股价的暴跌，都让当时 37 岁、刚刚接任苏拉特工厂厂长的塞缪尔·安斯利惴惴不安。消息从家乡传过来虽然滞后了一两个月，但 1695 年仲夏，他就应该对整件事的走向有所察觉了：目前，众人的目光正随着东印度公司去了伦敦。

很快，他们就会把注意力转移到苏拉特。

第十三章
西风漂流

非洲西部大西洋·1694年底

幻想号离开阿科鲁尼亚时补给充足：150桶面包、100支火枪、100多桶火药。当时，埃夫里最需要的并不是食物与武器，而是人力。船上总共80名海盗，与其他船交火时，埃夫里无法充分发挥幻想号的实力。开战时，甲板上每一门火炮都需要至少6个人来操作；船上一共有46门火炮，埃夫里清楚，要想让两舷开火，至少需要目前3倍的人力。此外，若想开火、掌控船帆，以及（如果幻想号能够压制敌船）突袭敌船，就需要更多的人力。

幻想号往西南偏南方向航行了3周，途经葡萄牙与直布罗陀海峡，之后沿今天的摩洛哥和撒哈拉沙漠西部边缘行驶。紧接着，埃夫里及其手下在佛得角首次停靠，那里是由10座火山岛组成的群岛，距非洲海岸350英里。为了给船做补给，他们在那里劫持了3艘英国船，为了能够安全撤离，还暂时扣押了葡萄牙地方长官。他们抢了些鱼、牛肉、盐及"其他生活必需品"。在这些必需品中，较为难得的是从英国船上招收来的9名水手，他们自愿追随埃夫里船长及其船员。

佛得角那次短暂的停靠标志着埃夫里海盗职业生涯中的第二次犯罪，与此同时，我们可以从中看清其犯罪行为的本质，而且这一本质将在其后续的行为中体现得越发明显，那就是：有意识地，不过几乎是徒劳地，维持其犯罪行为的道德性与合法性，尤其是在对待英国所属的财产时。当初，叛变事件发生后的第二天早上，埃夫里允许那些不愿跟随他的人（包括吉布森船长）回到岸上去，还在救生艇漏水时把水桶扔给他们。无独有偶，此次劫持事件中，凡是从英国船上掠夺来的东西，埃夫里都命舵手约瑟夫·道森写了欠条，随后，他将欠条留给受害人，大概是想给他们一个承诺——今后会赔偿他们的损失。

对于幻想号上的船员来讲，佛得角那次短暂的停靠相当于他们人生中一处重要的十字路口。当时，船停靠的方位刚好可以乘着信风，顺着每年夏末秋初大西洋飓风的路径向西横跨大西洋。像幻想号这样"出色的商船"，用不了几周的时间就可以到达巴巴多斯岛。船上多名水手数次走过这条航线。不过，埃夫里心中筹划了一条更野心勃勃且具有挑战性的远征：向正南航行，绕过好望角，然后沿着非洲东海岸到达马达加斯加岛。这条航线的风险更高。由于从英国船那里"借来"了足够的补给，幻想号完全可以一路航行到西印度群岛。到马达加斯加岛需要几个月的时间，中途需要停靠好几次进行补给。即便是那些经验丰富的水手，绕行好望角——海浪汹涌，水流湍急，而且海岸线上隐藏着诸多潜在的危险——也是需要冒很大风险的。

埃夫里为何执意铤而走险呢？毕竟去西印度群岛可以掠夺很多黄金。不过，与横穿加勒比海的西班牙大帆船相比，马达加斯加岛的诱惑更为强烈。听说那里对海盗出了名地友好，凡是前往印度洋的船都要从那座岛出发，海盗们就在那里伺机抢劫前往麦加朝圣的载宝船。莫卧儿帝国那传奇的财富吸引了新一代海盗的注意，不久之后，这群海盗因在红海入海口频繁劫掠船而被人称为"红海人"。即便被官方扣押在阿科鲁尼亚港或停泊在非洲西部荒凉的岛屿上时，埃夫里耳边依旧回荡着从世界的另一面传来的塞壬之歌：那是一个拥有五百年历史的王朝，宝藏就漂浮在宁静的红海水域。跟奥朗则布的财富相比，那些沉没的巨轮以及西印度群岛的商船根本不算什么。

如果非要说埃夫里及其追随者是受了什么激励才愿意绕行好望角，那么这所谓的激励就是美国海盗托马斯·图近来丰厚的掠夺成果吧。当时，图可以说是世界上名气最大的海盗，不过与埃夫里后来所取得的成就相比，他这点儿小名声简直不值一提。在罗得岛长大的图吸引了百慕大的一小撮投资人，他们替他作保，弄了一艘名为友谊号的八炮单桅帆船。有百慕大总督（此人正是亨利·埃夫里当年效力的奴隶贩子）的特许证作为护身符，图及其手下人横穿大西洋，绕过好望角，最终抵达红海。他们在那里遇到了一艘莫卧儿商船，商船立即向他们投了降。图和手下人掠走了价值超过 10 万英镑的金、银、香料与布料。当时，友谊号上只有 45 名海盗，所以船员们的收益是相当可观的：待舵手分配完所有奖励，船上的绝大多数船员获得近 2 000 英镑。回想当时詹姆斯·胡布隆在条款中为西班牙远洋舰队有经验的船员制定的工资标准——整个航程支付 82 英镑，友谊号上一名见习水手随船 6 个月就能赚到 50 倍于他们的钱。你可以在查理二世号

（最初的名字）这样的商船上做到高级船员的级别，前往马尾藻海打捞沉船中的宝藏，由此过上相当体面的生活。不过，你也可以以红海航线上的海盗的身份发家致富。

有人说，亨利·埃夫里与托马斯·图都认识百慕大总督，所以，亨利私下里应该早就认识托马斯·图。在提及远征红海一事时，埃夫里仿佛就说起过"我最后见到托马斯·图时"，他应该是这样跟手下人说的，"他正在百慕大周围游荡，想来一次冒险。如今，他收获了令人难以想象的巨额财富。我们也要成为他那样"。

无论当时埃夫里是怎么说服手下人的，总之，幻想号离开佛得角时，他们就已经下决心执行红海计划了。他们沿着几内亚边缘向南航行，停泊在近海，靠近那些与欧洲人有生意往来的沿海居民。埃夫里命船员"装成英国商人的样子，好让当地人到船上跟他们谈生意"，菲利普·米德尔顿后来回忆说。他们把一些小物件摆在沙滩上，吸引感兴趣的几内亚居民过来，然后把居民引到船上。在一段关于奴隶贸易的口述史中，一个在这一时期被俘的西非人的后裔是这样描述欧洲人诱捕其祖辈时所用骗术的：

一天，一艘大船停靠在岸边，当地人躲在海滩上的灌木丛里。祖母也在其中。之后，大船上的人派来一艘小船到岸边，把一些亮晶晶的东西和小饰品散放在海滩上。当地人很好奇。祖母说，等船一离开，大家就一窝蜂地跑过去。小饰品少得不够分。第二天，那些白人就又往海滩上撒了些。大家就又一次上前哄抢。接

114　　　　　　　　　　　　　　　　　　　　　　　　　海盗经济

着，这些当地人就越发大胆起来，他们中有些人直接走上跳板，把东西从木板和甲板上往下拿。

当时，几内亚人对水域中出现的陌生英国船没有戒备，其信任程度超出我们的想象。17世纪末，奴隶贸易依旧被西班牙和葡萄牙垄断，当时皇家非洲公司的注意力刚从金子转移到奴隶贸易。而装作商船的幻想号其实是个陷阱。几内亚人本想到船上去跟欧洲人交换货物，却突然意识到自己被抓了。米德尔顿说："等他们一上船，船员就出其不意地将其逮住，再抢走他们带来的金子，把他们用铁链拴住后关进货舱。"岸上其余几内亚居民眼看着英国船起锚，一阵惊叫，他们的至亲就这样被英国船带走了，逐渐从地平线上消失，再也不能相见。

上了幻想号之后，这些被俘的非洲人会有怎样的命运呢？对此，并没有明确的史据可查。据米德尔顿的描述，至少最初那些非洲人似乎是被当作俘虏看待的，可能会在另一个贸易港口被当作交易的货物。我们知道，其中7名被俘的非洲人后来被卖去做了奴隶，其他人的命运就不得而知了，假如还有其他人。据说在那个时候，也有海盗把俘虏放了，让他们加入海盗组织并享有同等权利的情况。近代就有学者认为，在西印度群岛制造恐怖氛围的海盗群体具有非常明显的种族多样性，非洲人数量占船上总人数的20%以上。历史学家戴维·奥卢索加在其著作《黑人与英国人》中指出，虽然弗朗西斯·德雷克本身就是奴隶贩子，但是1577年的环球探险就是他与一位"我们今天所谓的跨种族船

第十三章　西风漂流　　　　　　　　　　　　　115

员共同完成的"。奥卢索加还在书中写道:"在某种程度上,我们很难理解,德雷克能够奴役黑人,但与此同时又能与黑人成为战友。"在后来的海盗探险中,有几名被释放的奴隶还升到了高级船员的职位,其中最有威望的就是黑凯撒。传说,此人曾是非洲一位酋长,在安妮女王复仇号上做黑胡子的助手。身为船上的工作人员,凡是海盗组织的原始民主大会,非洲海盗们都有权参加,于是,黄金时代的海盗组织成了西方第一个赋予有色人种选举权的组织。

不过,在可查的史实记载中,包括亨利·埃夫里之前在做奴隶贸易的无证营业者的时候,没有任何证据表明,幻想号上那些被俘的非洲人享受到类似的权利。当时,就连船上的高级船员都面临着重大挑战,可想而知,他们的生存条件应该是惨不忍睹的:连续几天被关在甲板下,其间又被逼着做苦工,他们可能在想,这些面容憔悴的欧洲人到底想要拿他们怎么样。幻想号跟当时的绝大多数海盗船一样,都是漂泊在海上的,都是财富共享、民主治理这类思想的温床。不过,无可辩驳的是,她也是一艘奴隶船。

幻想号继续朝东南方向航行,一直到费尔南多波岛,它位于今尼日利亚南部,现归赤道几内亚管辖。在那里,埃夫里命手下人对船体做了一番重大的修整,将上层甲板上的绝大多数装置撤掉,包括艉楼里的船长休息室。按照惯例,海盗对抢来的船都要做一番改造。平顺的上甲板能够在航行时有效减少风的阻力,遇到潜在的敌船时,幻想号的航行速度就可以变得更快,操纵起来也更容易。好望角的洋流湍急,将甲板上的装置拆掉,若遇到巨浪时,水就可以很容易地被抽出去。不仅如此,对船体的改造还蕴含着某种政治意义:为了最大限度地提高船体在水中的灵活性以及船上的人力效用,绝大多数海盗船长都会搬出自己的休息室,与其余船员同睡在甲板下面。海盗群体的这种平等主义精神也体现在船的结构上。

在费尔南多波岛,船员们还花了好几周的时间、费了好一番力气仔仔细细地清洗了一遍幻想号船体。说到18世纪海盗船所面临的外部威胁,我们会自然而然地想到那些用利炮击沉海盗船的敌船。然而,当埃夫里及其船员在温暖的大西洋水域驶离非洲时,有一种让他们避之不及的敌人早已贴在船上了,它们潜伏在水面以下,那就是啃食幻想号船体木材的船虫。

无论它们的名字与外形怎样,其实船虫只是一种软体动物,是一种长得像蠕虫的蛤蜊。这种虫子钻到水面以下的木头里,然后释放一种对木质纤维有腐蚀作用的细菌。若不加以防范,用不了四五个月的时间,这种虫子就可以将像幻想号这种规模的船的外壳毁掉。正如亨利·戴维·梭罗后来在其诗歌《历经所有的命运》中所描述的那样:

虽然远离了新英格兰那波涛汹涌的海岸,
但新英格兰的虫子依旧啃食着船体,
令其沉没于印度洋中……

海盗生活的叛徒本质意味着,像幻想号这样的船几乎永远都不可能很容易地停在干船坞进行一番修理。所以,将船侧翻过来是他们唯一的选择:趁海水涨潮时,故意将船搁浅在海滩上,露出一侧船体,这样一来,就可以把虫子啃坏的地方,包括船体其他部位悄然产生的损坏,比如被藤壶缠绕或腐烂的地方,进行一番处理。再者,在热带水域,附着在船体上的海藻会增加阻力。凡是木船上的船长,也就是说17世纪晚期的所有船长,都要在心里掐算好时间——离上一次清理完船体已经过了多少个星期或者几个月。一旦发现自己所在的木船被困在了浩瀚而平静的海面上,那么你被软体动物害死的概率跟口渴致死差不多。

1694年初秋,出于对航行速度与灵活性的考虑,幻想号经历了一番船体改造,重新修补了外壳。一切准备就绪,埃夫里及其手下终于可以开启绕行好望角之旅了。离开费尔南多波岛没多久,他们就与两艘丹麦私掠船产生了短暂的冲突,幻想号的武装力量迎来了第一次考验。很快,丹麦私掠船就缴械投降了,海盗们接收了"40磅金粉,一箱箱的纺织品,一些轻便的武器,还有50大桶白兰地"[1]。船上的17名丹麦私掠者很欣赏埃夫里和他那艘"坚固的护卫舰",便加入了幻想号。至此,船员数量已近百人。

若想先绕行好望角,之后驶向马达加斯加岛,从一开始,埃夫里就得向反方向驶离非洲西部边缘,一路穿过南大西洋到巴西。在那里,他可以借助全球最为强劲的风力传送带之一:南极绕极流,即所谓的西风漂流。达·伽马首次绕行好望角时便是借助这一洋流，它是一股巨大而和缓的冷水流，流量是墨西哥湾暖流的两倍有余，将船从西往东推进，从南纬地区的海角险石下安全经过。南极水域水流较冷，南大西洋水域的水流较暖，冷暖水流交汇的水域线上翻涌出大量的营养物质，滋养着丰富的海洋生态系统。在向东驶向马达加斯加岛途中，幻想号上的船员能目睹鲸鱼、海豹、企鹅和信天翁。南半球夏季的几个月里，他们就这样顺着西风漂流航行，完全不用担心会撞到冰山。

1695年头几个月的某一天，幻想号上的瞭望员发现圣奥古斯坦湾西部边缘延伸出一个独特的爪状沙洲，就在马达加斯加岛南部海岸。原来，幻想号已经抵达印度洋安全港，众所周知，那座岛是海盗们的天堂。在海上航行了约5 000英里之后，他们终于可以登陆休息几个月了，养精蓄锐，准备开展下一步行动。

第十四章
超级宝藏号

印度苏拉特·1695年5月

正当幻想号船员在马达加斯加岛海岸清洗船体的时候,有一艘船正在印度洋另一侧的苏拉特港口接受补给,准备开启另一番旅程。这是一艘木制商用的独桅帆船,船主正是大莫卧儿皇帝奥朗则布本人。游客在达布蒂河对岸遥望苏拉特港时,很容易就能认出她来——众多战舰中间竖起这样一个庞然大物,而且一群东印度人正沿着河岸抛锚。这艘船重达1 500吨,足以容下1 000多名乘客,几乎可以肯定,她是当时世界上规模最大的船之一。奥朗则布将其取名为"Ganj-i-Sawai",波斯语意为"超级宝藏"。在以英语为通用语的领域,包括新闻报道、法庭审判和流言传说,这艘船的名称被简化为一个英语名字:the *Gunsway*。

这艘超级宝藏号驻扎在苏拉特,此外,有四艘同属于大莫卧儿、经常与超级宝藏号同行的小船。奥朗则布给这几艘船安排了明确的任务:运送显要人物,有些是他的直系亲属,前往麦加朝圣,穆斯林要去红海以东阿西尔山脚下的圣地参加一年一度的朝圣。途中,超级宝藏号及其护卫舰会在穆哈贸易港短暂停靠,即现如今也门的红海入海口附近。当时,欧洲各国首都掀起了一阵咖啡狂潮,穆哈便是当时一处经济繁华的国际咖啡贸易中心。

（现代的消费者每点一杯摩卡星冰乐，都是在为这座城市的经济收入做贡献。）贸易商在做其他商品贸易的同时，也被咖啡豆吸引，奥朗则布在派超级宝藏号前去朝圣的同时又寻得了额外的商机。

我们一时半会儿说不清楚超级宝藏号货单上的内容。总之，船上装满了印花棉布、精美的陶瓷、象牙装饰品以及其他贵重物件。除了保障朝圣者与船员们的饮食供应，超级宝藏号还装载了数桶香料，准备到穆哈进行贸易，其中数量最多的是胡椒。现如今大家或许有些不解，为何一艘载宝船会装那么多胡椒，这是因为现代生活中胡椒极其便宜，餐厅都是免费提供的，但是在17世纪，胡椒是世界上最受欢迎的奢侈品之一。到了中世纪，胡椒的价格从峰值回落了一些，不过胡椒依旧比同等重量的黄金贵许多，即便后期价格有所降低，胡椒却依旧可以在穆哈卖个好价钱。想象一下这样的场景：为了保护船上的宝物以及800名朝圣者，80门火炮在主甲板上一字排开，由400多名士兵操控着。

在朝觐期间去麦加朝圣是伊斯兰教五大功修之一。有生之年，虔诚的穆斯林至少要参加一次朝圣，时间是在伊斯兰教历的最后一个月。现如今，麦加是沙特阿拉伯的一座城市，拥有约200万人口，然而到了朝圣期间，其面积会是平时的三倍。说到地球上一年一度的人口大迁徙现象，规模最大的便是每年朝圣者的流动。（每年的中国农历新年，人口流动量要远超朝圣者，不过都是向中国各个地区流动，不像朝圣者那样去同一个目的地。）每年，沙特阿拉伯都会在麦加城外搭建16万座装有空调的玻璃纤维帐篷,每座帐篷能容纳50名朝圣者,相较而言,现代人在过火人节时搭建的简易房屋就像待改造的棚户区一样。

伊斯兰教历遵循月运周期,教历的每一年都要比公历年少大概11天,也就是说,朝圣的实际日期是逐年提前的。假如,按照公历计算,朝圣在1月1日举行,那么第二年的活动时间就是12月20日。1695年,伊斯兰教历的最后一个月正值公历7月,也就是说,从苏拉特出发前往麦加的船——相当于从伊斯坦布尔到直布罗陀——赶在春末就得出发,这样才能给船上的商人留出充足的时间到穆哈及其他沿途港口城市进行贸易。

朝圣的传统可以追溯到公元629年穆罕默德攻克麦加,其间,他毁掉了一座被称为克尔白的古老花岗岩寺庙里的异教徒圣像,宣告世人"真理降临,谎言消失"。后来,穆罕默德将此处重新奉为真主安拉的圣地,并于632年带领一队朝圣者从麦地那赶往麦加,在那里,他进行了最后一次布道。《古兰经》中说,易卜拉欣(《旧约》中的亚伯拉罕,在伊斯兰教传统中也被奉为先知)接受真主的启示,把孩子伊斯玛仪(《旧约》中的以实玛利)和妻子哈吉尔(《旧约》中的夏甲)赶到一片荒漠上(也就是今天的麦加)。真主任他们饥渴难耐,想借此考验他的信仰。经过数天的煎熬,干旱的沙漠中奇迹般地出现了一口水井,在最后关头解救了母子。

如果你是一个有宗教信仰的人,那么无论信仰何种宗教,无论你心中的神是谁,5 000年前那次沙漠之旅所产生的连锁性影响绝对有着深远意义。当一个普通人与心中至高的存在有过直接的感应接触，那么这种感受绝对会影响后50代人。但是，如果你心中没有信仰，那么这种所谓的连锁性影响完全就是子虚乌有。有人做了一个梦，梦见神现身沙漠了，命他赶走自己的妻子和孩子，7 000年后，每年都有600万人到那荒凉的山脚下去朝拜当年的地方。在历史这座大教堂里，很少有哪一缕微弱的声音能回荡得如此久远。

就常人的生活来讲，这种大规模的朝圣仪式——穆斯林或者其他宗教信仰者——相当于一道分水岭。旅游业诞生之前，正是这群朝圣者引领数百万人见识了所谓的长途旅行，否则他们会在较小范围的地域过完一生。到了1695年，朝圣演变成了全球最大的熔炉之一，创造了一个共享的空间，阿拉伯人、欧洲人、印度人每年都会聚在这里待上一个月。除了做礼拜，还有其他事就是我们所说的炫耀排场。世界上有些富人会花数月时间赶到红海，在克尔白前祈祷；其中的很多人将旅途周期规划为一整年，就像我们今天很多人规划暑假一样。之所以建造这么一艘宏伟的超级宝藏号，可不仅仅是为莫卧儿王朝的核心群体打造一艘华丽的巡航船。这是在用这种方式向全世界炫耀，有这样一艘价值10亿美元的豪华游轮停靠在港口，参加布道会；这是在向其他朝圣者炫耀自己这个世界征服者所拥有的财富，而那些普通的朝圣者恐怕永远都没有参拜阿格拉神圣建筑或德里孔雀宝座的机会。

当然，将这一船宝藏运到数千英里之外的异国他乡，的确要承受极大的风险。因此，超级宝藏号上配备了80门火炮和400多名士兵。不过，那一地区所处的地理位置加剧了风险。红海通过一条宽度仅有 20 英里的狭窄海峡（名为曼德海峡）流入亚丁湾。开凿苏伊士运河是几世纪之后的事，在 1695 年，凡是前去麦加的朝圣船，或者去红海沿线港口城市的商船，都得先经过曼德海峡与亚丁湾，才能抵达阿拉伯海宽阔的水域。现如今，途经这些海峡的船所承载的贵重货物大抵是石油，从红海沿线的炼油厂里装上船。1695 年的贵重货物可与现代不同，它们主要是珠宝、香料、黄金、棉花。不过，无论是当时还是现在，曼德海峡那处狭窄水段都是海盗们中意的地点。21 世纪最臭名昭著的索马里海盗就在那片海域活动，这绝非偶然。

曼德海峡与亚丁湾虽说给商人带去了便利，但与此同时也成为海盗们的狩猎点。

第十五章
友谊号返航

亚丁湾·1695年春

最早去过马达加斯加岛的欧洲人并没有觉得那里有多迷人。有人曾这样描述:"岛上蝗虫成群,水里有鳄鱼。"1641年,一个名叫沃尔特·哈蒙德的英国人迷上了这座岛和岛上的马达加斯加人(在他写的小册子中,他称他们是"活得最快活的人"),于是,他带领一群英国清教徒在圣奥古斯坦湾成立了一个组织——印度洋版本的"五月花"清教徒,20多年前,在他们的协助下,欧洲第一批清教徒乘五月花号[①]帆船驶入马萨诸塞州并定居。至此,哈蒙德开创了一种悠久的欧式文学传统,针对非洲东海岸这座乌托邦岛屿编织出各种遐想,在这一波潮流中,埃夫里同样扮演着核心角色。哈蒙德在一封信中称马达加斯加岛为"世界上最富有、最丰饶的岛屿"。至于后续有多少定居者认同他的看法,我们就不得而知了,因为1646年这座殖民岛就解体了。

接下来的几年里,其他欧洲人尝试在这座岛站稳脚跟。法国人就在哈蒙德定居地以东的地方建造了多凡堡。葡萄牙人曾经榨取土著的劳动力。不过,岛屿没有丢失过自主权,而且与之一同

[①] 五月花号是英国运载一批分离派清教徒驶往北美的船。——译者注

延续的还有它那目无法纪的名声。1695年头几个月，亨利·埃夫里登岛时，那里俨然是一处海盗窝。

在圣奥古斯坦湾以及北面几处隐蔽的港口，幻想号船员休养生息了一段时间，好为红海之战做准备。至于当时埃夫里到底知不知道那年朝圣的具体时间，知不知道那年8月因夏末西部季风的影响，亚丁湾很有可能会产生大量的航运量，我们不得而知。但不管怎样，他似乎早预见要等到夏季才有可能迎来最佳的进攻时机。为了消磨时间，船员们又清洗了幻想号船体。接着，他们享用了一番从佛得角抢来的丹麦白兰地，还用几把枪和一些火药从马达加斯加人那里换来了100头牛，几乎整个3月都在享用美味的烤牛肉。春末，他们抵达科摩罗群岛，顺带从一艘法国船上成功怂恿40人加入幻想号。（从法国船上劫下大米以后，他们就把船击沉在了港口，这件事进一步坐实了他们的犯罪事实。）海盗们还换了些猪和蔬菜，后来，当发现海域有三艘东印度公司的船后，他们就赶紧起航撤离了。

如今船员已经超过150人，而且眼看夏季就要来临，埃夫里决定开始执行计划。要知道，在阿科鲁尼亚被扣留的那段日子，在那漫长的白日与黑夜里，他就开始酝酿这个计划了。幻想号沿着现如今的索马里海岸一路向亚丁湾航行。中途，他们到过一座小镇，海盗们称其为Meat，实际上它被称为Maydh，即迈德。他们想在那里换些东西，结果遭到了当地穆斯林社区的抵制。"他们不跟我们交易，"说到镇子上的情况时，舵手约翰·丹恩这样描述，"于是，我们就一把火烧了它。"根据一些说法，海盗们居然在当地清真寺下面埋了炸药，将其炸毁，以泄心头之愤。

炸毁清真寺这一举动让人想起了一个有趣的问题：埃夫里及其船员刚好把目标定为穆斯林，能给他们带来多大程度的激励，他们为何看准了那些每年都要前往朝圣地的"摩尔人"的船？他们唯利是图的渴望难道会因为他们用武力打击那些异教徒的想法而增强（或合法化）？当然，如果你问他们，他们肯定会说自己"反穆斯林"。然而，这是他们的核心信念，还是实用主义？

事情过去了这么久，真正的缘由很难说清楚。一方面，埃夫里手下的船员后来又对那些穆斯林的船进行了疯狂袭击，若抢劫目标是基督徒的船，他们或许会收敛很多。不过还有另一方面的事实：他们将穆斯林的船定为首要目标的明显动机是劫取财物。这里套用威利·萨顿关于银行抢劫的经典语录：当时穆斯林的船相当于银行。

但迈德清真寺那次事件的性质不同，即便炸毁清真寺也得不到什么。没错，他们是一群海盗，想交换商品时遭到拒绝，完全有可能会诉诸暴力（或进行威胁）来强迫那座小镇交出他们想要换取的东西。可是，特意在清真寺下面埋炸药这一举动暗示着更深层次的蔑视。看来，幻想号上应该有几位重量级人物——如果不是埃夫里本人——是积极反伊斯兰的。

船一驶进亚丁湾，大家很快就意识到，打红海航线上的朝圣者主意的不止埃夫里一人。首先，他们遇到了美国的两艘私掠船——海豚号和朴次茅斯探险号，船员总数达120人。他们一起驶向丕林岛，那是曼德海峡里的一座蟹形火山岛。菲利普·米

第十五章　友谊号返航　　　　　　　　　　　　　　　　127

德尔顿后来回忆说:"我们在那里暂留了一晚,后来,又来了三艘船。一艘是托马斯·韦克的船,他们是从新英格兰波士顿出发的;第二艘是威廉·米斯的珍珠号双桅帆船,从美国罗得岛出发;至于第三艘船,就是友谊号单桅帆船,是从纽约出发的。每艘船都配有6门火炮,其中两艘船各有50名船员,双桅帆船的船员数量是三四十人。"提起友谊号,大家都不觉得陌生,船长就是那个传奇人物托马斯·图,两年前在红海海域成功劫获巨额财物,埃夫里最初的计划便是受了他的启发。

看这些会聚的海盗——不远万里,不约而同地相聚在红海入海口的这座小岛上,就能知道,1695年莫卧儿王朝所拥有的财富该有多么诱人。算下来,6艘船总共有440名船员。1695年夏天,全世界的海盗中应该有相当大一部分都聚集在了这里。18世纪初正值海盗活动的频发期——深受亨利·埃夫里影响的一代海盗在加勒比海域十分猖獗,官方估测当时全球的海盗总数近2 000人。[1] 1695年,埃夫里的传奇故事还没能对下一代海盗起到足够的激励作用,所以,假设当时全球海盗总数少于2 000人,那么历史上的那一时期,6月聚集在曼德海峡的海盗数量应该是七大海域海盗总数的一半。

看到其他船齐聚自己这片猎场,毫无疑问,埃夫里心里真是五味杂陈。一方面,他们都是来争夺那些财物的,他做了一整年的幻想号船长,牢牢掌控着自己的命运,如今自己的未来很有可能会被其他船的领袖人物影响。但是往好处想,埃夫里从一开始就苦于没有足够的人手来一举攻破那支武装精良的莫卧儿舰队。

如果停靠在丕林岛港口的 6 艘船愿意协同作战，那么他们就有足够的力量去挑战奥朗则布那支强大的舰队了。

据米德尔顿的证词，6 名船长在与各自船员商量过后，同意协同作战，并提出了协作条款。后来，协作条款基本制定妥当。其实，在这种紧要关头，协同作战本身并不出人意料。他们如果能成功劫获其中的一艘载宝船，就可以得到丰厚的掠夺物。在协同作战这件事上，出人意料的是 6 艘船推举出来的领导人人选。从理论上看，托马斯·图绝对是最佳候选人。埃夫里的绝大多数贸易点都是在非洲西海岸，而且众所周知，他刚刚投身海盗领域，还是个新手。图则才开展了一次具有历史规模的劫持行动，恰好就在他们目前停靠的这片水域。但不知这两人与他们指挥的船员之间发生了什么，他们推选的结果十分出人意料。菲利普·米德尔顿说："他们都同意合作，而且一致认为应该由埃夫里来担任总指挥。"

12 个月来，亨利·埃夫里没损失一名船员，而且在他的带领下仅凭一艘快艇以及一番周密计划就逃脱了追捕。

如今，他终于拥有了一支舰队。

第十六章

无畏追兵

孟买·1695年5月

最初在办公桌上的报纸上读到有关海盗亨利·埃夫里的消息时，约翰·盖尔怎么也想不到有朝一日自己会成为东印度公司的总裁，掌管公司在南亚次大陆地区的所有运营事宜。盖尔的父亲是一名商人，叔叔是伦敦市市长约翰·盖尔爵士，他长大的地方离埃夫里的家乡德文郡不远。跟埃夫里一样，他年纪轻轻就跟船出海了，而且很快就成了东印度公司的一名船长。17世纪90年代初，他连同120名英国士兵被派往南亚次大陆去维持孟买"废弃"港口与工厂的稳定；仅仅两年后，公司在印度方面的所有业务就由他来管理了。

次年5月，也就是埃夫里手下炸毁迈德清真寺的时候，那三艘将埃夫里赶出科摩罗群岛的东印度公司的船递交了一份报告。报告一方面记录了他们与埃夫里接触的真实过程，另一方面算是一种警示——埃夫里会成为东印度公司的心腹大患。文件中多处提到幻想号船长埃夫里撤离时的状态：这个海盗指挥的船的速度快得惊人。

阁下，我们的船驶近那座岛去追赶他，然而他的船动作极为敏捷，我们根本就追不上，他把甲板上的绝大多数装置拆掉了，所以船体变得十分灵巧，可谓如虎添翼。现如今，她马力十足，不惧怕任何船的追赶。这艘船一定会去红海航线，也必然会在苏拉特掀起一场轩然大波。[1]

当时，东印度公司在伦敦的麻烦不少，再加上与奥朗则布的关系十分紧张，所以对盖尔来讲，这些消息都是不祥之兆。难道还得费心思关注一群正在赶往红海的海盗？况且当时的状况是，他们的船"马力十足，不惧怕任何船的追赶"。

不过，无论埃夫里的船有多灵巧，事实证明，她不是完全无所畏惧。除了报告，那几艘船还递交了一封他们在约翰纳岛发现的信，这封信是由亨利·埃夫里本人所写、被故意留在那里的，目的是想向"所有英国船长"公开发表声明。信的内容——信中所用语言有些奇怪，单词拼写及标点的使用均有错误，有幸留存至今：

拜众位英国船长所赐，此时此刻，本人正驾驶着幻想号，就是之前于1694年5月7日从克罗地亚起航的西班牙远洋舰队中的查理二世号：此时，船上配有46门火炮和150名船员，我们此行要去寻找宝藏。就任船长期间，我从未故意伤害过无辜的英国人或荷兰人。为此，我正式向所有船声明，请认真阅读以下内容，并使用下述暗号进行交流：如果将来你们的船（或者你们熟悉的船）离我们还有一段距离，就请将船旗卷成一个球或者打成

第十六章　无畏追兵

捆儿，将其升到桅杆顶部，我们看到后就会放过你们。我手下人都是些粗野的猛士，若出现违背我命令的情况，我也无能为力。

英国人之友

1694/5 年 2 月 28 日于约翰纳

亨利·埃夫里

这里有 160 名法国武装分子，正伺机袭击船，请看护好您的船。

  这份声明的意图到底是什么？仅从字面来看，他是在传递一种暗号，一种握手言和的秘密暗号：把船旗卷成球状，升到桅杆顶部，我就会放过你们。不过，这份声明其实是一种障眼法。他曾经袭击英国船，只不过手段没有对付迈德居民那么野蛮。历史学家乔尔·贝尔在解读这封信时是这样说的："这是一种精明的策略，只有印度洋方面，即东印度公司的重型武装舰队有能与其进行有效对抗的武装力量，所以他们的目的是想避免这种冲突。"[2]

  那么，凭这封信来推断，埃夫里是怎样的人呢？就叛变事件和集体推选埃夫里而非托马斯·图作为海盗舰队的总指挥这两件事来看，埃夫里似乎有着非凡的个人魅力，"生来就是做领导的料"，那么，他又是怎样的一个恶棍呢？身为幻想号船长的他，指使过暴力行动，包括在几内亚抓捕居民，再到炸毁迈德清真寺。不过，在面对英国公民时，他会试图遵守一些临时制定的信用准则。约翰纳岛的那封信明显体现了他的矛盾心理：他本是以海盗身份游荡在祖国疆域之外的法外狂徒，但与此同时，身为英国公民的他却又想着尽量遵守一定的法纪（和贸易保护）。从这封信来看，他试图在航行中制定一套新的行为准则，并非完全目无法纪。他在一艘英国船上发动了一场叛变，劫持的是英国公民的财产，这一点是不争的事实。但在严格意义上，查理二世号属于私人投机活动，所以，他所劫之物并不属于皇家海军舰队。何况詹姆斯·胡布隆违反了合同中的条款，将这群人扔在阿科鲁尼亚不管不问，不给发工资，长达数月。西班牙远洋舰队的投资人言而无信在先，为此，埃夫里认为自己完全有理由为维护自己的权益而发动叛变。不过话说回来，这种想法也许纯粹是机会主义的。难道他真的认为自己是在从事作为英国公民的合法行为，因此就可以不受东印度公司的人或任何其他王室代表的干涉吗？或者他这么做只是想拖住当局，好争取足够的时间来执行自己的大计划？他的确很精明，也确确实实是贼寇。但至于贼寇是否有信用，过了这么久，实在很难去查证。迹象太过微弱。

　　仅存的一点有用信息都在约翰纳岛的那封信里，尤其是正文最后一句：我手下人都是些粗野的猛士，若出现违背我命令的情况，我也无能为力。很明显，这是一种威胁。话中隐含的意思是：我的人比你的人更凶残，别来招惹我们。不过，也不难看出，埃夫里这句话还有一层意思：他手下人可能会做出他自己无法阻止的行为，说不定还会违背他的命令。毕竟，他是一个漂泊的民主组织的领导者。他的权力都是手下人给予的。或许，他已经察觉到手下人中有一部分是暴力分子，这令他心烦意乱。或许，他

第十六章　无畏追兵

意识到那些"粗野"的家伙一定会威胁到他的计划,他精心设好的局很有可能被这群不受控制的疯子搞砸。

无论埃夫里的意图到底是什么,信中所言都是带有预示性的。他手下那些粗野的人会做出最为残忍、疯狂的极端暴力行为。这一点我们是能够肯定的。至于他们会不会在执行任务的过程中"过度体现"亨利·埃夫里的意愿,这个问题就不太好回答了。

第十七章
公主殿下

麦加 · 1695 年 6 月

　　莫卧儿舰队此行非同寻常，不仅仅是因为超级宝藏号上载着无数宝物。迅速浏览一下船上的乘客名单就能有另一个惊人的发现：船上有数十位女士，多数是奥朗则布皇室成员。

　　1695 年前后的海上世界都是由男人驰骋的。商船、军舰、私掠船，绝大多数都不会有女人参与。迁徙船，诸如五月花号之类的船，偶尔会载女人漂洋过海到新家去，但还从未听说过哪艘船会载这么多贵族女士。船上的女士并不都是贵族出身，因为航行途中，船长还买了些土耳其小妾，准备把她们运回印度，也就是我们如今所说的非法性交易。不过，超级宝藏号上的绝大多数女士是朝圣者，是去履行优秀穆斯林的职责、参加朝圣活动的。

　　传言称，其中的一名朝圣者似乎是第一次去麦加，她是奥朗则布的孙女。

　　这位莫卧儿公主的身份是保密的。据官方记载，奥朗则布的众多妻子总共为他生了 10 个孩子，不过按照其相貌描写，超级宝藏号上的那位莫卧儿公主并不是他的亲孙女。她极有可能是奥朗则布家族成员，并非直系亲属。不过，从她身份不明这件事我们也可以看出，当时的史实记载就有这样的特点。如此多女士前往麦加参加朝圣活动是整个超级宝藏号事件中的一个支点，原本一件不起眼的事件，却因为她们的存在而演变成了一次全球危机。史料用了很大的篇幅去分析埃夫里及其手下人那些胆大包天、凶残野蛮的行为，分析了东印度公司代理人在事业上的雄心壮志以及奥朗则布的愤怒，但是，对船上众多女士的描写只是一笔带过，仅以弥天大案受害者的身份稍作提及，没有具体的名字，也没有相关经历。

虽然史料没有记载这方面的信息，但我们可以想象一下莫卧儿皇室女人这一路的经历，甚至可以想象一下那位年轻的公主从麦加返还途中的所见所感。在宫廷里，身份最为尊贵的女性是可以在政治与文化事务中占有一席之地的，她们拥有自己的财产，甚至可以经商。在阿克巴与贾汉吉尔执政的进步时期，有钱的贵族女士可以参与经商，有的还拥有自己的船。（1613年，葡萄牙商人劫获了一艘名为拉希米号的莫卧儿船，那是当时莫卧儿舰队中规模最大的一艘。所有者就是贾汉吉尔皇帝的母亲，因此还引发了国际纠纷，这件事也为80多年后超级宝藏号遭遇危机埋下了伏笔。）公主们有可能会资助一些艺术品或建筑，现如今印度境内的很多公共花园都是由当初莫卧儿皇室的贵族女士资助修建的。

有些女性甚至会积极地投身政治舞台。奥朗则布在密谋武装夺权的时候，他的姐妹们就在宫斗中扮演了重要角色。有人说，奥朗则布的姐姐罗莎娜拉·贝古姆才是怂恿他陷害沙贾汗皇位原定继承人达罗的主谋。无论当初奥朗则布有多么感激罗莎娜拉，最终这种感情还是消失殆尽了，而且随着时间的推移，他与另一位姐姐贾哈纳拉走得越来越近，而她却是当初在夺权之战中支持达罗的人。不过，他与两位姐姐的关系较为复杂，说来，这与一项重要的法令有关，而且要追溯到阿克巴执政时期：莫卧儿家族的姐妹们是不允许结婚的，唯恐其生育的后代会对本就凋零的皇室血脉造成威胁。据当时的多位人士所述，奥朗则布为了不让自己的两个姐姐与男人有浪漫的接触并发生关系，可是费了好大一番功夫。据一位名叫弗朗索瓦·贝尼耶的法国旅行家所述，奥朗则布将贾哈纳拉的一个情人请到房间里与他见面，出于礼貌，他递给了那个年轻人一颗槟榔果。贝尼耶写道："那个一脸不高兴的情人怎么也想不到，眼前这位笑脸相迎的帝王递给自己的居然是毒药。没等到家，他就一命呜呼了。"[1] 意大利人尼科劳·马努奇在《莫卧儿王朝回忆录》中说，罗莎娜拉"在自己的住处养了9名青年男子，供自己寻欢"。[2] 奥朗则布发现罗莎娜拉的秘密之后，便在"不到一个月的时间里通过各种秘密手段将那9名男子致残"。马努奇还说，莫卧儿大帝继而因罗莎娜拉的冒犯行为而命其服毒自杀。

不过，莫卧儿宫廷日常的现实生活是受父权压迫的。后宫之中，这种状况尤为明显，可以说，有多达5 000名女士被关押在那座镀了金的监狱里。其中包括莫卧儿王朝的妻妾，她们身边有各自家族的母亲、祖母、姐妹、姑姑陪着，有侍女或女奴伺候，由太监看守。后宫中的这些贵妇——妻妾及其直系亲属，几乎都患有不同程度的精神分裂症：她们过着奢华糜烂的生活，世界上几乎没有哪个群体能与之相比，但与此同时，她们几乎没有人身自由。索马·慕克吉在撰写莫卧儿公主史时写道："这些女人住在富丽堂皇的宫殿里，里面有漂亮的花园、喷泉、水池及与其相连的水渠。她们穿的漂亮、昂贵的衣服，都由上等布料裁制而成，她们从头到脚挂满了珠宝。"[3] 但是，她们与外界的联系极为受限，即便罕见地出了宫，还要戴着面纱。婚姻更是由不得她们自己做主，丈夫可以随心所欲，想娶多少妻子、姜室都可以。她们是世界上最受宠的贵族，但同时她们也是被监管得最严的囚犯。

在那样的年代，奥朗则布宫廷居然允许那么多女士从后宫那道高墙里出来，一路前往现在的沙特阿拉伯，可见伊斯兰教在后宫文化中占据着多么重要的地位。每一位莫卧儿公主在接受教育时，研读《古兰经》是必修课。奥朗则布的大女儿泽布恩妮莎公主7岁的时候就能背诵整部《古兰经》了。她们的宗教习俗偶尔会允许她们出宫到某处圣地参拜。但就当时而言，对于奥朗则布宫廷中任何一位年轻女性而言，去麦加参加朝圣活动绝对是她人生中最长的一次旅行，也是唯一一次可以走出世界征服者统治疆域去见识外界的机会。

面纱背后的莫卧儿公主是谁，这次的经历会是怎样的呢？当然，与当时社会上广大平民百姓相比，她与姐妹们的确过着奢华的生活：在珠宝、喷泉与性的枷锁中享受着荣华富贵，却没有自由。不过，上述这些说法几乎都是源自外人的视角，绝大多数都是像马努奇和贝尼耶那样的局外人。在莫卧儿公主这一群体当中，没有像塞缪尔·佩皮塞斯（Samuel Pepyses）或者安妮·弗兰克斯那样的人，或者说也没有谁的话能留存在史料当中，又有哪位史官能如实记载莫卧儿宫廷女性的感受呢？在现代人看来，当时的后宫明显受父权的压制，但是，她们可以一辈子过着锦衣玉食的生活，免受现实之苦，那么在她们看来，这还算是一种压制吗？或者说，后宫之中难道真有秘密激进分子，她们梦想着能改变当时的社会组织形式？她们之中难道真有人质疑过——无关对错——为何欧洲的社会组织形式那么美好，女人不用戴面纱，实行一夫一妻的婚姻制度，偶尔还会出现女性国家元首？

你如何回答上述问题将影响你对1695年9月印度洋热带水域系列事件的看法。不仅如此，这也将影响你对亨利·埃夫里本人的看法。在返回苏拉特的途中，那位莫卧儿公主肯定也有所发现，在自己国家的体制中，在莫卧儿王朝的风俗中，男人们被赋予了太多的权力与自由。无论她是否用言语表达过现实的苦闷，她都已经切切实实地感受到了痛苦，也无改变现实的希望；她也一定意识到，即便没有亲身经历过，这种制度的强制性与无理性。照常理来讲，种种所见所闻至少应该在她心头留下伤疤。但问题是这道伤疤真能痛到让她想逃离吗？

第三部分
Part Three

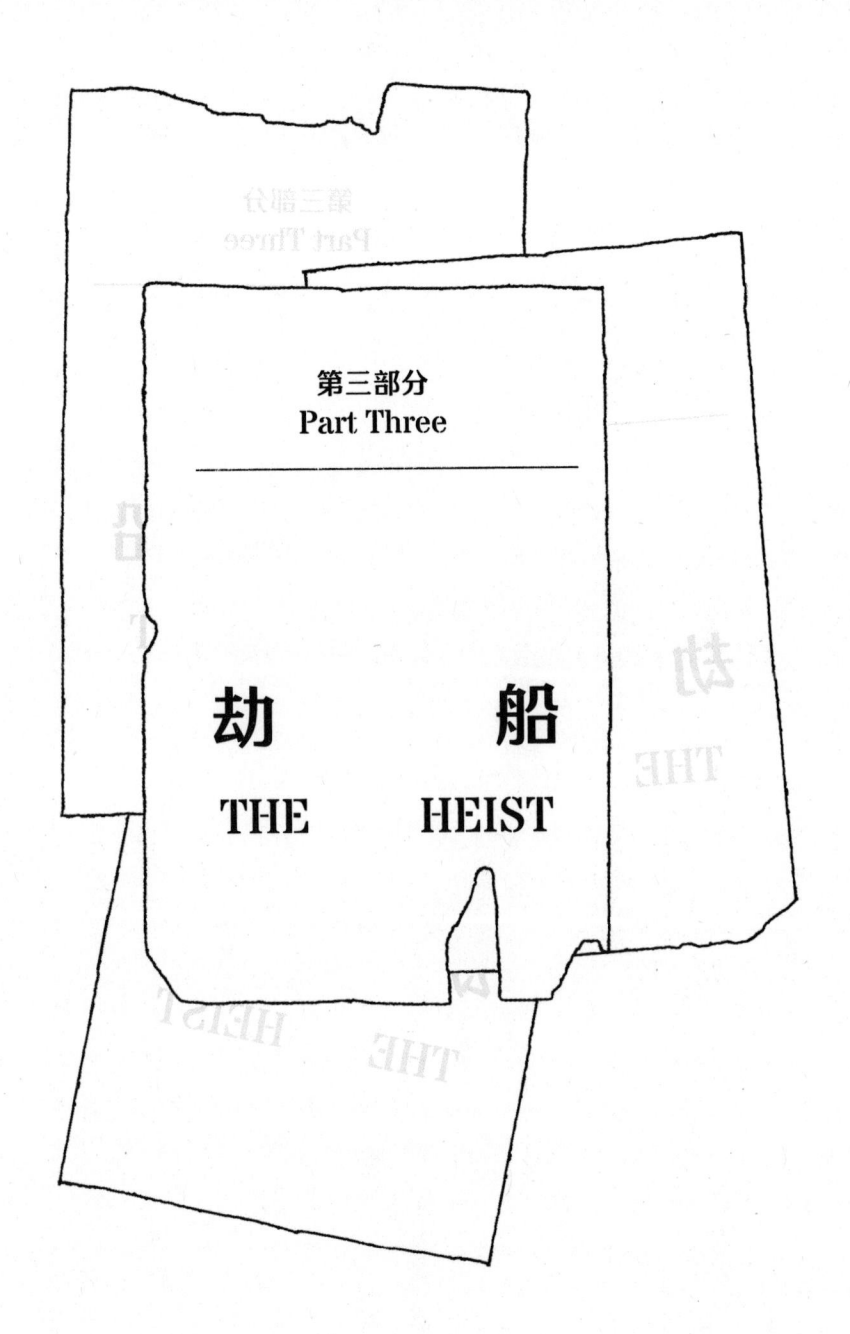

劫 船
THE HEIST

第十八章
穆罕默德信仰号

圣约翰角以西印度洋·1695年9月7日

新组建的海盗舰队等待着季风时节的来临，等待着西南季风将那批商船从曼德海峡送回苏拉特，就这样，一个多月过去了。从丕林岛沙漠涌过来的热浪将气温升至38摄氏度以上，没有躲藏的余地。（盛夏之季，就连岛旁小型天然港口的最低温度都达到了32摄氏度左右。）漫长的等待过程使得船员们越来越觉得埃夫里的计划出了问题。约翰·丹恩后来回忆说："在那里停靠了一段时间之后，他们就开始坐立不安，觉得摩尔人的船不会从穆哈港过来了，于是，他们派出一艘中型艇，劫持了两艘船。后来，他们带回来两个人，听那两人说，舰队一定会过来。"（当时红海的另一端还没有开凿苏伊士运河，所以商船没有其他地方可去。）几天后，他们就打探到消息，说"摩尔人的舰队"终于朝海峡这边驶过来了。

8月的最后一个星期六，第一批商船终于出现了，然而一开始，埃夫里及其船员就犯了致命的错误。不知怎的，这支由近25艘从穆哈港返回的商船组成的舰队，为这一刻做了一年的悉心准备，在夜色的掩护下成功逃脱了海盗们的探测，顺利通过海峡。（史料倒是没有记载如何惩罚当晚那几个警戒的船员，不过，设想一下，应该不能轻饶了他们。）等到第二天早上，海盗们俘获了一艘规模小得多的船，这时才意识到他们犯了致命错误。

据米德尔顿所说，海盗们"商量了一下，到底是追上去还是留在原地"。这是一个艰难的抉择。那些印度船已经先行一步，追上的可能性很小，另外，其中那艘名为海豚号的海盗船出现了漏水点。但是埃夫里心里清楚，他的那艘船是整个印度洋海域中速度最快的，如果说有哪艘船能追上印度舰队，那只能是幻想号。

船员们迅速商量了一下，最后决定追上去，但舰队要精简一下。海豚号上的60名船员都转移到幻想号上去，一把火烧了海豚号之后任其沉入海底，因为约翰·丹恩后来回忆说，那已经是一艘"废船"了。很明显，珍珠号是跟不上幻想号的，于是，船员们就在两艘船之间拉了条绳子。很快，他们就朝那支已消失不见的印度舰队追去。幻想号虽然还要拉着后面的珍珠号，但依旧是队伍中速度最快的。丹恩回忆说："只有朴次茅斯探险号能追上。"苏珊娜号最后倒是赶上了海盗舰队，但托马斯·图的友谊号却远远地落在后面，与其他船失去了联系。史上那一时期，图或许是红海海域名声最盛的人物，但友谊号在水中的行驶速度却远不及幻想号。

几天下来，海盗船的瞭望员一直在视线所及范围之内搜寻着猎物的踪迹。埃夫里掌舵幻想号朝东北偏东方向行驶，从亚丁湾出来，进入阿拉伯海。由于迟迟没有发现追踪目标，埃夫里就把苏拉特和孟买设为目的地，他猜想，载宝舰队最终肯定会停靠在这两个港口中的一个。10天过去了，依旧没发现追踪目标的任何迹象。船员们既望眼欲穿又心烦意乱,在丕林岛待了那么长时间,供给本就短缺。希望渺茫,这令他们更为沮丧,特别是到了第10天的时候,瞭望员第一次发现了陆地——远远能望到孟买北部圣约翰角的轮廓。

对于埃夫里来讲,那10天肯定不好过。他航行了6 000英里,集结了400多名船员,在最佳狩猎点等待那艘世界上最大的载宝船,结果却让舰队从眼皮子底下溜走了。第10天就要过去了,季风时节初期,风力越发强劲,圣约翰角此时已清晰可见,舰队极有可能已经安全靠港、卸载货物了,埃夫里可能已经来不及下手了。

终于,在9月7日这天,幸运之神重新降临。他们发现有几艘船脱离了主舰队。其中规模最大的一艘是全副武装的商船穆罕默德信仰号,船主便是印度顶级富商阿卜杜勒·加法尔。与加法尔同时代的人士称,这位富商的"生意规模不亚于英国东印度公司,据我所知,有一年,他装配了超过20艘船,而且吨位都是在300~800吨"[1]。一年多以来,埃夫里一直在筹备着自己的计划,如今第一次看到了一艘真正的摩尔人的载宝船。埃夫里迅速下令,让手下船员将船驶到舰队前面去,停船过夜,等他们跟上来——由于夜间失误导致原本的曼德海峡计划受挫,如今只好铤而走险。

黎明时分,水面上升起一团浓雾,严重影响了他们的视线。船员们死死地盯着那团灰色的雾气,仔细听着动静,搜寻着印度舰队的踪影。他们没有等太长时间。没过几分钟,穆罕默德信仰号那神秘的轮廓就从雾中浮现出来，"离幻想号只有枪的射程那么远"。丹恩后来描述这艘船时说，她有"200~300吨重，配备6门火炮"。埃夫里命令船舷上的火炮全力开火，与之展开较量。穆罕默德信仰号反击了三个回合，却没伤到埃夫里舰队分毫，接着，奇迹般地，她举旗投降了。船是埃夫里他们的了。

上船后，海盗们找到了大量金银，价值超过6万英镑，相当于今天的500万美元。与两年前托马斯·图所劫持的财物相比，这些只相当于人家的一部分，不过，这一次性获得的财富比埃夫里一生中所见的都要多。船上还剩300名左右的船员，将这些掠夺物分发下去，每人分到的钱相当于西班牙远洋舰队承诺给他们的两年工资的3倍。当然，身为船长的埃夫里会多拿一些，也就是说，他从穆罕默德信仰号那里拿到的钱足以令其到陆地上舒舒服服地过上5年。阿卜杜勒·加法尔的财物足以令埃夫里及其船员的物质生活发生翻天覆地的变化。然而看到钱的那一刻，埃夫里就应该有预感，这些钱还不足以令其金盆洗手。

埃夫里只有48小时的时间来享受他的胜利。一支队伍接管了穆罕默德信仰号，舰队继续朝东面的海岸驶去。9月10日在圣约翰角停靠期间，瞭望员再次拉响警报。地平线上出现了一艘规模更大的船。她就是超级宝藏号，正朝苏拉特驶来。幻想号开足马力，不到几分钟，就又一次追上了目标。

埃夫里靠近这艘船，想评估一下她的实力，超级宝藏号给人的第一印象肯定是气势十足的。这是一艘足以容纳上千名乘客的巨轮——相比之下，幻想号勉强能容纳200人左右——比海盗船高很多。超级宝藏号上不仅有更多的武器装备——80门火炮，数百支火枪，而且进攻角度明显占据优势，船上的神枪手可以朝低矮船的甲板开火。

叛变事件过去了15个月，其间，亨利·埃夫里做了无数次决策：什么时候清洗船体，在马达加斯加岛等待多长时间，是否要与托马斯·图争夺海盗舰队总指挥的位子。但是，真正重大的决策是在他对超级宝藏号整体有了初步估量——衡量其中的机遇与威胁之后做出的。他刚刚劫持了一艘船，这使得他在几个小时之内就以零伤亡的成就拿到了5年的工资。劫持完信仰号之后，他本可以一走了之，成为他那个时代最有成就的海盗之一，运气好的话，或许还能遇到几艘脱离了穆斯林舰队的船，劫持这些船要容易得多。很明显，超级宝藏号是不会轻易投降的。埃夫里队伍中一半的舰队都不在身边，仅剩的几艘船中有一艘行动缓慢，与其让她凭借自己的实力航行，还不如让其他船将其拖出亚丁湾。有人断言，若与超级宝藏号正面对抗，输的肯定是埃夫里。

若埃夫里事先知道几百英里外发生的事情，恐怕会做出不同的估量。托马斯·图跟在幻想号后面行驶，之后，他所在的友谊号与穆罕默德信仰号发生了冲突并同这艘印度船开战。结果，友谊号惨遭失败。双方交火时，一颗炮弹划破了图的肚子，内脏立刻从他身体里喷涌出来。当时一名目击者称，他临死时双手捧着自己的小肠，"他整个人倒下去之后，手下的船员吓坏了，于是纷纷投降，没再做任何抵抗"。在场的多名海盗像俘虏一样被抓走了。

如果说图死亡时的场面暴力和血腥到令人震惊，那么后人对他人生最后光景的评论也同样令人咋舌。评论称，他本可以凭借1693年那次成功的抢劫行动隐退，在罗得岛上当个体面的地主，做一个美国版的弗朗西斯·德雷克，再也不用靠出苦力谋生。然而，即便可以拥有这样的未来，他依旧选择了在世界的另一头结束自己的生命，望着亚丁湾上方的天空，手里捧着自己的小肠，死在友谊号甲板上。

还有一种情况，可能性很高，那就是埃夫里早就知道了图惨死的消息。关于那年夏末印度洋上发生的一系列战斗，有史料记载，早在幻想号打败信仰号之前的几天，友谊号就已经跟信仰号进行了一场殊死搏斗。（这种说法也暗示了信仰号那么快投降的原因：在与友谊号交战的过程中受损严重，已经没有足够的火力再战了。）按照这种版本的说法，埃夫里登上穆罕默德信仰号去巡查船上财物的储备情况时，就发现了那些从友谊号上抓来的俘虏，毫无疑问，他们肯定会告知埃夫里船长图惨死这一惊天消息。

不过，事情更有可能是这样的：托马斯·图的死并没有对埃夫里产生多大影响，埃夫里依旧要铤而走险去劫持超级宝藏号。为何这样一个在过去数月间行事谨小慎微的人——巧妙地为自己树立一个遵守英国法纪的形象，耐心地等待季风将摩尔人的船带进自己的陷阱——居然会冒着如此高的风险去攻击一艘瞬间能将自己炸飞的巨轮？或许，埃夫里信中结尾那几句故弄玄虚的话都是骗人的。或许，他对财富的"渴望"程度跟那些船员一样。或许，他担心的是，如果拿不到这笔巨额财富，自己真的会成为这次叛变的受害者。或许，他就是单纯地认为，凭借幻想号的航行速度，完全可以对超级宝藏号展开进攻，如果事态不妙，她可以迅速撤离。正如数月前东印度公司的人在报告中说的那样，她马力十足，不惧怕任何船的追赶。

该报告中还蕴含着一番警示，那就是若再让埃夫里嚣张下去，恐怕会在苏拉特引起"轩然大波"。埃夫里决定直接对超级宝藏号展开攻击，最终，这一决定使得报告中看似夸张的警示语变成了预言，只是这场"轩然大波"所波及的范围远远超出了苏拉特。埃夫里和那些船员饥不可耐，以至于无所畏惧。他们最终将巨额财富收入囊中。[2]

第十九章

超级宝藏

苏拉特以西印度洋·1695年9月11日

想象一下，那年夏末，从高空俯视印度洋沿海水域。东面，依稀能看见沿着苏拉特达布蒂河而建的船坞与工厂。在其中的某一栋建筑里，塞缪尔·安斯利或许正在查库存，或许正在写报告，准备发去伦敦，全然不知一场大的灾难即将降临到自己与同僚头上。在苏拉特外围水域，从麦加返回的舰队的前哨船正朝港口挺进，长达三个月的行程使乘客们早就感到疲惫了。不过，能顺利回家，中途未与红海人发生冲突，大家终于能松一口气了。然而，在更远一些的海域，大概离海岸100英里的地方，有两艘船显得格外突出：一艘规模巨大，普通船只是她的一半大小，此时，她正朝苏拉特港驶来；而另一艘船正开足马力，穿过层层巨浪，船员们趴在甲板上，预备好枪炮，准备开战。

在最字面的意义上，古代历史总是与当下有着碰撞：现代人的基因、语言以及文化中都带有远古时期的烙印。然而，1695年印度洋上的那一场景极为特殊，史上多方事物的发展脉络中都广泛地与这一罕见时刻相联系：耶稣基督诞生以前的数世纪，印度就已经开始凭借棉纺织品进行财富积累了；朝圣的路线也早在一千年前穆罕默德只身前往麦加时（或许更早，在易卜拉欣前往麦加时）就形成了；奥朗则布手中的大权也是从数代掌控南亚次大陆的穆斯林统治者手中继承来的；命运岌岌可危的东印度公司，艰难地维持着自己在苏拉特和孟买的地位；海盗那悠久的历史及其激进的平等主义观念。然而，若审视这些事物的发展历程，你就会发现，1695年9月的系列事件都在其中。

不同的事物有不同的发展脉络，然而是什么将它们联系到了一起？是那200名船员，他们集结在一艘船上，来到这离家6 000英里的地方，补给不足，却立志发家致富。

当幻想号逐渐靠近超级宝藏号并展开袭击时，发生了三件事，这是没有任何异议的。第一，正当超级宝藏号准备回击埃夫里的船时，这艘莫卧儿船的甲板上的一门火炮发生了自爆，导致6名船员死亡，其他人重伤，现场遭到严重破坏，异常混乱。第二，埃夫里的首发炮弹真是幸运至极，居然打中了超级宝藏号的主桅杆基座，导致主桅杆及其索具装备完全失控，船就此瘫痪，加剧了刚刚火炮故障造成的混乱。

第三个不争的事实就是：交战结束后，埃夫里及其船员劫获了巨额财富，正如超级宝藏号的名字那样——"超级宝藏"。在那艘巨轮上，他们找到了数不尽的金银，还有珠宝、象牙、没药、乳香、藏红花以及其他稀罕物。自从埃夫里劫持船的消息传播出去以后，人们就一直在非常激烈地争论，这个海盗到底从莫卧儿载宝船上劫了多少东西。约翰逊船长在他的《海盗通史》中说，具体金额难以估测，究其原因，他是这样说的："东方人出行最讲究排场，他们要带上自己的奴仆，还要带上维持奢华生活的珠宝和金银器皿，还有陆路旅行所需的大笔现金。所以，这些掠夺物是不太容易清算出准确金额的。"[1]有人估算，船上的宝物价值在20万英镑左右，也就是相当于今天的2 000万美元。后来，东印度公司清算的金额是这个金额的3倍。但无论怎么计算，埃夫里劫持超级宝藏号所获得的掠夺物的金额都是犯罪史上数一数二的。

但是，回过头来细细品味这三个不争的事实——火炮自爆、主桅杆基座坍塌、史上巨额掠夺物，你会发现，埃夫里和超级宝藏号的故事出现了两种并行的版本。一种就是未来数十年街头卖唱者口中传唱以及伦敦各大媒体炒作的版本——海盗们上了船，与船上的莫卧儿士兵展开了长达两小时的肉搏，最终将其制服。掌控船后，海盗们惊奇地发现，甲板下面蜷缩着数十名戴着头巾的穆斯林女士。就她们衣服上的绿宝石与钻石来看，她们应该是奥朗则布宫廷的。

根据这个版本的叙述，其中一名戴面纱的女士是奥朗则布的孙女。不知怎的，海盗们确定了她的真实身份以后，将这位吓得哭哭啼啼的女士带到埃夫里面前。据1709年范布勒克的描述："船长一见到这位眼中含泪的女士，立马同情起她来。"自此刻起，上演了一出印度洋版本的《风中奇缘》：这个西方人瞬间被"当地"这位异国美女打动，一场探险之旅就这样以抱得美人归结尾。（当然，这一版本的不同点在于，这位"当地美女"可比这个西方人富有得多。）后续故事是这样的：埃夫里当场就向这位莫卧儿公主求了婚，最终收获了"比珠宝更为珍贵的东西"。后来，两人在伊斯兰教神职人员的见证下结了婚，"据说，这对幸福的新婚夫妇回马达加斯加岛度了蜜月"[2]。

丹尼尔·笛福在其1720年出版的《海盗之王》（国内版本为《海盗船长》）中以第一人称的口吻讲述了埃夫里的故事，故事中所描述的莫卧儿公主的外貌与上述版本类似，不过是从海盗船长的视角出发的（笛福故事中的公主升级成了王后）："海盗们从未见过这种梨花带雨的美人；眼前的这位王后（她本就是这一级别的人物）一身金银，整个人被吓坏了；满脸泪痕的她见到我之后发起抖来，好像必死无疑一般。她坐在一张形同沙发的床边，床上没有床罩，也没铺任何东西，只能算是一处可以躺的地方；这么说吧，她戴着钻石，而我就是一个不折不扣的海盗，索性，我赶紧表现出对珠宝（而不是她）的兴趣来。"[3] 据范布勒克所述，埃夫里对这位莫卧儿公主以礼相待，但笛福那个版本的故事却说两人并没有擦出火花。故事中说，海盗船长对她的一名侍女很有好感："我发觉，她的一名侍女很喜欢我，后来我就和她在一起了，不过，我并没有强迫她，也没有使用让她着迷的方式。"[4]

在现代人看来，这个德文郡海盗与他的莫卧儿新娘的爱情故事顶多有些出人意料。据安斯利的传记作者记载，埃夫里"俘虏了一位结束麦加朝圣后返乡的出身高贵的穆斯林少女"[5]。不过很明显，这句话的关键词是"俘虏"，通常来讲，不会用这样的词来形容一对情投意合的人。即便有人在描写埃夫里求爱时用了较为感性的词语，也依旧能从中听出质疑的语气。笛福的故事是

第十九章 超级宝藏　　153

这样写的:"我听说,英国方面一直说我强暴了这位女士,后来用最为野蛮而下流的手段对待她。然而,我是被冤枉的,我从未对她做过那种事,我发誓。"笛福在故事中写道,埃夫里还为手下船员的行为辩护:"我当时下令,如果谁想跟另一艘船上的某个皇室女人睡觉,我猜大多数人有这样的想法,那么就一定要尊重她们的意愿,否则绝对不可以。后来,我把她们都放了,没有对她们的生命或名誉造成任何威胁或危害。"[6]

范布勒克同样为埃夫里的名誉辩护:"他没有像有些人说的那样对公主动粗,考虑到她高贵的出身而以礼相待。他把她和侍从带到自己船上,将船上的财宝都带走之后便下令船员掌舵,将其开往目的地港口。"没错,他和手下的船员或许真带走了"船上"的全部财物,但至少埃夫里给了公主应有的体面。不管其他那些"说法"会让你怎么想。

那么,那些所谓的"说法"到底是怎样的呢?埃夫里是个多情的海盗——不仅用求婚的方式表达对公主的仰慕,还同意参加由伊斯兰教神职人员主持的仪式,这种流行叙事并不妥当,其实,这件事说明英国与印度之间的关系有了进一步的发展。至少两个世纪以来,从德雷克血洗中美洲港口城镇到荷兰人在印度尼西亚香料群岛上实施种族灭绝行动,欧洲的水手们——无论是海盗、商人还是海军——不断地在世界偏远地区实施野蛮犯罪。然而,有关此类恶行的消息很少传回欧洲各国首都,进而导致公众没有质疑那些冒险家的道德正义。在家乡的土地上,他们是英雄,不是民众杀手。但无论如何,亨利·埃夫里及其手下船员都无法为自己的恶行开脱。就超级宝藏号遇袭这件事来讲，受害者有一番自己的说法，这种反叙事听上去可就没那么宽容了。

说到超级宝藏号这件事，针对这种宽容、理想化的叙述，存在着另一种截然不同的说法，在某种程度上，它反映了当时印度与英国之间存在的权力动态。17世纪初，荷兰人在印尼大陆屠杀了1.3万班达群岛的土著，对此，没有战舰方、大使或相关人员记载他们的恶行，也没人表示过抗议。然而，亨利·埃夫里劫掠的那艘船是当时世界首富的船，那人掌握着庞大的国家机器，可以与欧洲任何一个国家的"文明"政府抗衡。

这个故事之所以会有第二个版本，是因为在某一个偶然的时刻，恰好出现了一位目击者，时间与地点刚刚好。正当埃夫里要对超级宝藏号展开袭击时，拉希里内陆小镇长官派出的一名使者刚刚抵达苏拉特，准备进行一些交易，之后去孟买。这位使者名叫哈菲汗。他是否将货物运回长官那里我们不得而知，但是在苏拉特，他碰上了一件更值得关注的事——一件滔天的残虐谋杀事件，如此令人震惊，以至于他立即就意识到，这件事具有深远的政治意义。哈菲汗之所以能有如此觉悟，是因为他的身份不只是一名使者，还是一个有抱负的历史学家，未来还会是奥朗则布执政时期赫赫有名的权威编年史家。在与埃夫里发生正面交锋的过程中，印度舰队运气欠佳，损失惨重。然而在哈菲汗那里，命运之神站到了印度舰队这边：一个擅长舞文弄墨的人当时刚好抵达苏拉特，从一艘经历了世纪大案的船上截获了最新消息。

第十九章　超级宝藏

第二十章

反叙事

苏拉特以西50英里的印度洋·1695年9月11日

莫卧儿船终于回到了苏拉特，也就是埃夫里初次发现苏拉特的一周之后，哈菲汗便以船上幸存者的直接证词为依据，记载了超级宝藏号遭袭的过程。哈菲汗最早的记载版本在奥朗则布皇室外戚中间流传，后来到了我们这位世界征服者手里。再后来，这部分内容被加到哈菲汗的莫卧儿王朝编年史中，这是一部系统编年史，上至阿克巴执政时期，下至当时的奥朗则布统治时期。哈菲汗的父亲是一名历史学家，他本人一生中的大部分时间都在为这位君主做事，以皇家旅行记者的身份充当奥朗则布的耳目。正是因为从事了这项工作，他才能如此迅速地描述超级宝藏号事件。与街头卖唱者口中那些二手的且经过编造的信息相比，他所描述的事件真实性更强一些。埃夫里与莫卧儿公主之间的浪漫故事纯属谣传，都是根据间接的信息编造出来的。哈菲汗则不同，他是一位历史学家，兼具记者的身份，接受他采访的都是目睹埃夫里手下洗劫超级宝藏号现场的乘客。

哈菲汗几乎一下子就想到了奥朗则布首先会问的问题：一群衣衫褴褛的海盗怎么能一举拿下军事力量与规模都近乎自身三倍的巨轮？对此，他如实汇报说，对方出其不意地展开攻势，再加上火炮自爆。此外，他给出了第三种解释，不过后来欧洲方面绝大多数说法都忽略了这种情况：没落贵族家庭出身的易卜拉欣·汗船长的精神出了问题。主桅杆基座被击垮后，埃夫里的手下分别从船的左右两舷爬上来，与穆斯林士兵展开了一场厮杀，简直就是埃罗尔·弗林主演的电影的现场版。有些奥朗则布的士兵勇敢地击退了入侵者，可这个时候，面对埃夫里进攻时的混乱场景，易卜拉欣·汗好像失去了理智：

那些基督徒本身不太擅长用刀，且皇家船上有那么多武器，但凡船长带领船员稍加抵抗，都能将敌人击退。然而，英国人刚登船，易卜拉欣·汗就立即躲进了货舱。里面有几个土耳其姑娘，是他从穆哈买来的小妾。他把头巾和弯刀塞进姑娘们手中，鼓动她们去战斗。后来，这些姑娘落到了敌人手中，没过多久，敌人就掌控了我们的船。

船长汗这种懦夫似的举动令人难以置信，似乎有不可言说的内情。关于这件事，偶尔会出现以下戏谑的说法：一个倒霉的船长派一群戴头巾的女人去保卫他的船。然而，见到当时的场景，那群女人肯定吓坏了。那么，让我们从那些土耳其"小妾"（用数桶咖啡豆换来的性奴，被关在一艘皇家船的货舱里）的视角出发，想象一下当时所经历的场景。当时她们待在一片黑暗中，听着头顶上震耳欲聋的炮声，紧接着闻到一股木板燃烧的气味，火药被吹到甲板下面来。随后，船长——在海上待的这一个月，这

第二十章　反叙事

个人不停地对这些女人实施强暴——不知道从哪里跑了过来，冲进狭窄的货舱，给女人们戴上头巾，还往她们手里塞了弯刀。想象一下，女人们踉踉跄跄地来到主甲板上，面对眼前的混战，她们努力想弄明白到底发生了什么。

当时的场景一定很恐怖，不过与那些英国人即将犯下的罪行相比，穆斯林船长的所作所为相形见绌。战斗结束时，超级宝藏号死了25个男人（大概还有女人），还有20多人受了重伤。整场战斗中，埃夫里没有损失一兵一卒。（在为这场重大事故辩解时，船长汗编造了一番说辞，说埃夫里有1 200人的海盗军袭击自己的船。）紧接着，海盗们就开始寻找船上的宝物。超级宝藏号上的巨额财物一般是很容易找到的：比如成堆的金条银条，一桶桶价值连城的香料。在舵手约瑟夫·道森（此人的职责便是分配所有掠夺物）的监督下，埃夫里手下数十人将宝物运到幻想号上。不过海盗们都知道，像超级宝藏号这样的皇家船，一定在某个地方藏有其他宝物。为了把藏着的宝物找出来，海盗们使用了业内通用的手段：酷刑。

至于海盗们逼问超级宝藏号的长官们，让他们说出宝物的储藏地点时使用了哪些具体的手段，有关1695年袭击事件的一应陈述都未曾提及。不过从接下来海盗们的发飙程度来看，手段一定极其残忍。作为参考，我们只能通过一手信息以及其他海盗（他们试图从其他船员那里提炼相同的信息）的述词来了解情况。《美国水星周刊》曾有一则报道称，18世纪的海盗爱德华·罗（流传至今的四大海盗法则中，有一项便出自此人制定的协议条款)"会对某些人施以鞭刑、割刑,他们还会对其余的人施以火刑——把火柴放在两根手指中间,直到烧得露出骨头,用这种方法逼他们说出财物的下落"。荷兰记者亚历山大·艾斯克默林描述了一种"绳索绞扎术",用于撬开那些人的嘴,逼问出财物的存放地点:"他们会将那人的双臂吊起来,直到完全脱臼,之后用绳子使劲儿勒他的前额,勒到那人的眼睛鼓出来,大得像鸡蛋。他若再不老实交代,他们就用绳子将他的男性生殖器官拴住,然后将整个人吊起来,接着,一个人打他,另一个人割他的鼻子,还有一个人割他一侧的耳朵,再有一个人用火烧他。"

不过,在哈菲汗的描述中,上述行为都属于次要罪行,对超级宝藏号女性乘客的冒犯行为才属于真正的重罪。战斗的怒火,还有在海上漂泊了15个月之后一触即发、不可控制的野性,再加上对反穆斯林的偏执(从埃夫里手下人一怒之下炸毁迈德清真寺就可以看出),上了船之后突然发现数十名女士,而且有些女士身上的珠宝比海盗集体的净资产还要值钱——这些因素加在一起,引发了一场长达数日的性暴力事件。哈菲汗在主要的段落中——同样出现在一长串庭审报告、信件以及传言中——三言两语地讲述了这件事:

装完船之后,海盗们就把皇家船停在定居点附近的岸边,接着,又是搜寻财物,又是扒光男人,又是玷污女士,无论年轻的还是年老的,如此折腾了一周……几名身份尊贵的女士伺机跳进海里以保贞节,还有些女士用刀和匕首自杀了。

奇怪的是，海盗文化中不愿让这类罪行暴露在公众视线中，之所以说奇怪，是因为他们本应热衷于将海盗那种野蛮而恐怖的私密生活细节展现在公众面前。如果你想了解托马斯·图在友谊号上奄奄一息、手里捧着自己小肠的细节，或者爱德华·罗将俘虏跳动的心掏出来撕碎的细节，你可以去读那些上千页的档案，绝对能让你身临其境。但是在集体实施性暴力这件事上，史料中只用一句话概括："后来，海盗玷污了那些女人。"

几周之后，东印度公司的约翰·盖尔在他自己的一封私人信件中对这类罪行也做了类似的描述，之前，他在孟买会见了哈菲汗。盖尔在回应哈菲汗的那番叙述时写道：

可以肯定的是，那群海盗（已确定是英国人）对阿卜杜勒·加法尔的船和超级宝藏号上的人做了极其野蛮的事，逼问他们把财物藏在了哪里，碰巧现场有一名贵族的妻子（据说）与皇帝有亲戚关系，是从麦加参加完朝圣回来的，年纪已经不小了。他们虐待她，并强迫其他几位女士，致使一位贵族的妻子和女仆自杀，以防丈夫眼睁睁地看着自己被人虐待。[1]

虐待、玷污：在现代人看来，用这种词汇描述他们的犯罪行为简直太过委婉、含蓄。我们应该毫不客气地说，埃夫里手下人就是一群罪恶滔天的强奸犯。

哈菲汗的用词也同盖尔一样含蓄，这样做是为了尽可能地不去冒犯莫卧儿王朝原教旨主义者的信仰。在这样一种坚持让女性戴头巾的宗教文化里的人，如何能心平气和地接受与海盗实施性犯罪相关的生动描写？不过，哈菲汗在自己的报道以及写给盖尔的证词中都明确强调了一个惊人的事实，概括地说，它凸显了英国人袭击超级宝藏号这一侵犯行为的严重程度：奥朗则布皇室成员恨不得用刀朝自己的心脏捅两下，或者干脆跳进海里，免得遭受埃夫里手下人的"玷污"。在那样漫长的白昼与黑夜里，无论亨利·埃夫里手下人对超级宝藏号上的女士们做了什么，若她们只剩下自杀这条路可选，那简直太恐怖了。数年后，约翰·斯帕克斯在临死时说了这样一句话："那些可怜的印度人及其妻室所遭受的非人的待遇与无情的折磨，至今依然震撼着我的灵魂。"[2]

哈菲汗描述那些被"玷污"的女士时虽然用词委婉，却在历史上留下了不可磨灭的印记。亨利·埃夫里及其手下人犯下了数条重罪：叛变、谋杀、酷刑、抢劫。但是后来在数项罪行中，强暴超级宝藏号上的女士这项罪行所引发的后果越发严重。虽然小册子作者与街头卖唱者依旧继续歌颂埃夫里的绅士行为，但是后来各方面的权威——奥朗则布皇室、东印度公司以及英国政府加入此案件，超级宝藏号上的集体强暴事件毫无疑问地成了本案的一个核心真相。

在整个不堪入目的犯罪事件中，去哪里找奥朗则布的孙女呢？对此，盖尔含糊地提到过一位"贵族的妻子与皇帝有亲戚关系"，此外"一位贵族的妻子"自杀了。埃夫里展开袭击的时候，船上肯定有莫卧儿皇亲；从盖尔的叙述来看，他们之中至少有一部分人遭受了海盗的"虐待"，或者因为害怕被虐待干脆自杀。

其中是否有那位去麦加朝圣、被俘后又被带到幻想号去见埃夫里的年轻公主？如果确有其事，那两人见面之后发生了什么？从后续的一系列事件以及证词来看，亨利·埃夫里的确与奥朗则布亲戚中的一位有过接触——要么是奥朗则布的孙女，要么是某位远亲。那么，后来的事情到底是怎样的，是超级宝藏号上真的发生了性暴力事件，还是像数十年后传的那样，英国海盗与他的穆斯林新娘之间产生了令人难以置信的跨文化情愫？

根据菲利普·米德尔顿的证词，1695年9月发生暴力事件的那几天，亨利·埃夫里从未登过超级宝藏号。不过，他也一定察觉手下那些人做了出格的事，从单纯的抢匪变成了令人发指的施虐者、强奸犯、人类公敌。像埃夫里那样经验丰富且精明的人本该立即想到，一旦大陆方面得知此消息，手下人的行为将引发极为严重的后果。幻想号当时正处于一片陌生的水域。埃夫里原本在红海航线寻找巨额宝藏的想法已经实现，而他那句"手下人违背他的命令"也一语成谶。但问题是，后面应验的谶语是否会让前面的胜利化为泡影。

天降红运，让亨利·埃夫里发了横财。不过，听到对面超级宝藏号上传来的尖叫声，他也一定意识到此刻手下人的行为让他有了另一个身份：世界头号通缉犯。

第二十一章

复 仇

印度苏拉特·1695年9月中旬

穆罕默德信仰号上的残兵败将把船开进苏拉特港口,接下来的几个小时,阿卜杜勒·加法尔的船遭遇英国海盗袭击的消息传遍了整座城镇,称"有几个人战死了,其余人遭受了虐待"。塞缪尔·安斯利在厂长休息室里俯瞰船坞,他本该快速反应过来,若那些英国海盗再有动作,肯定会对东印度公司造成不利影响。已经有很多苏拉特居民怀疑东印度公司为了补充贸易收入,暗地里与海盗勾结,直接抢劫莫卧儿商船。当苏拉特商界首富阿卜杜勒·加法尔听到自己的穆罕默德信仰号遭遇英国海盗掠夺以后,他立即将这种谣传变成了一纸诉状。正如给安斯利撰写传记的作家阿诺德·赖特所写的那样:"阿卜杜勒·加法尔已经把安斯利及其同僚当成了罪魁祸首,把他们当成了复仇的对象。"

1695年9月12日,一群愤怒的当地人聚集在东印度公司工厂门口,针对公司的施虐行为讨要说法。这些人中就有哈菲汗,当初就是他实地采访了信仰号上的船员,并将搜集来的证据上报奥朗则布。一开始,安斯利并没有把那些集会抗议的人放在心上。他下令关厂门,以为这样就能避开这场狂风暴雨。赖特解释:"他了解自己地盘的防御能力,并不担心一群全副武装的被困之人与苏拉特市井在混乱时所装备的那些参差不齐的暴徒交火的结果。"

几小时后，莫卧儿驻苏拉特军事指挥官厄舍·贝格带着"一队骑兵"到了门前。他以给苏拉特总督传信为借口才被允许进入工厂，但事实证明，所谓的传信只是缓兵之计。实际上，贝格的目的是把安斯利及其下属软禁起来，好给相关方面腾出时间来调查信仰号被劫一事。贝格指挥官假称，上面派他和骑兵队前来保护英国人不为门外暴徒所伤，安斯利倒觉得其中有鬼。不过安斯利认为，贝格的话也有可信的成分，毕竟英国人与苏拉特总督伊蒂玛德·汗的关系还是不错的，过去几年贿赂一直没有间断，所以他对公司的态度还是良好的。安斯利心里想的是，被就地软禁，接受莫卧儿骑兵队的保护，等街上那群暴徒心中的怒火平息，岂不更好。

工厂的人被软禁在厂内，街上的示威者——当地年长的神职人员带头——去总督面前直接请愿，要求处置涉嫌参与此案的安斯利以及公司其余主要代理人。总督耐心地听完了一长串牢骚，可就是不做出判决。不过，他承诺会将此案如实上报奥朗则布，并转达莫卧儿的合理裁决。就这样，安斯利老老实实地被软禁了几天，总督本以为能趁着征求奥朗则布意见的空当给自己也给公司争取些时间。穆罕默德信仰号遭海盗劫掠的消息要几周之后才能传到德里宫廷，原本以为届时整件事都能平息，他与东印度公司之间有利可图的关系也可以恢复。若奥朗则布站在抗议者那边，伊蒂玛德·汗可以向他摆明利害关系，完全驱逐该公司将给财政收入带来一定的损失。若奥朗则布对海盗为东印度公司效力这一不大可能是真的假设睁一只眼闭一只眼，那么公司要想继续在苏拉特运营，就会向莫卧儿当局缴纳更多的税款以及贿赂，奥朗则布的所得也就会更多，即便被海盗抢了些钱，也还是划算的。

可是，超级宝藏号及其幸存者抵达苏拉特港口后仅过了两天，总督的盘算就落空了。赖特评论："在那些伊斯兰教信徒眼中，抢劫帝国朝圣船这种事不单单是一种犯罪行为，更是对神的亵渎。"那群英国人不仅抢了富商的钱，还强暴了奥朗则布家族那些前去朝圣（在穆斯林的信仰中，此乃最为神圣的旅程）的女士。很难想象还有哪种犯罪行为比这更让奥朗则布勃然大怒。亨利·埃夫里，无论有意地还是无意地，已然侵犯了我们这位世界征服者最为珍视的三样东西：财富、信仰、女人。

哈菲汗在与受害者和幸存者（有些是他私下里的熟人）交谈时听到了一个令人不安的消息。在海盗疯狂袭击船时，有人听见其中几个英国人的聊天内容，说他们是在为孟买被囚禁一事报仇，也就是说，他们因为5年前那次僵局而被囚禁过。这说明他们如果不是东印度公司的直属员工，就是在分公司工作过。这成了本案中的一项关键证据。据我们所知，埃夫里与手下人都不曾卷入那场事件。但事实是我们对埃夫里及其手下知之甚少。不过，要说他们当中有人表面上加入西班牙远洋舰队，但实际上是为东印度公司效力，后来又遭囚禁，这种情况是很有可能的。或者，当时那几个英国人随口说的遭遇囚禁的话只是一种反穆斯林的诽谤，场景宛如17世纪版的"四面楚歌"。但无论事实如何，这都对公司没有什么好的影响。如果这真是一场由盖尔和安斯利因孟买被囚而蓄意策划的复仇事件，那么这就不仅仅是对神的亵渎，还是一场战争。

抗议者在总督府门前举行了狂热的示威活动。阿卜杜勒·加法尔怒吼："这座城镇已然被玷污，真主不会接受这里的任何祈祷，直到正义得到伸张！"[1] 等加法尔和那些神职人员把案件的惊人事实转达伊蒂玛德·汗时，这位总督大人才意识到事态发生了不可扭转的变化。这场风暴恐怕不会那么快平息。那群暴徒不仅聚集在工厂门外，还聚集在他家门外。如果不严惩那群英国人，连他自己的性命恐怕都会受到威胁。于是，不等德里方面下达处置命令，总督汗就立即下令将苏拉特辖区内所有英国人都抓起来，关押在东印度公司工厂里。安斯利及其同僚戴上了沉重的铁链，"就像一群狗一样"。有那么一段时间，这些英国人还被剥夺了"动笔写信的自由"[2]，与外界彻底失去了联系。

经历了最初的封锁后，与孟买城堡方面的联系最终得以恢复。（安斯利在传达消息时用了一种秘密暗号，因为他敢肯定，逮捕他们的人正在看他与盖尔之间传递的消息。）安斯利表示，那种感觉很痛苦，他戴着锁链等着奥朗则布的盛怒或宽容的判决，门外那群暴徒随时可能直接冲进来泄愤。终于，当再次拿起"笔"时，他在写给盖尔的信中说："至于我们每时每刻都经受着怎样的侮辱、奴役与专横的管制，已经不必说了，即便将这种恨意说出来，也无法补偿或减轻我们的痛苦。"[3]

安斯利不断向逮捕他的人表明态度，公司大部分收入要靠苏拉特以及孟买方面贸易伙伴的照顾，怎会与海盗串通损害公司利益。他在写给总督汗的信中说："过去的9年里，一直有人诽谤我们，但我们自始至终都只是商人，不是海盗。如果我们真的是海盗，我们岂不是要跟他们沆瀣一气，就连这座城市价值10万卢比的商品也要与之共享？"[4] 私下里，伊蒂玛德·汗是同情他们的，但是在公众面前，他束手无策。关于这个案子，在奥朗则布表态之前，他不敢轻易把那些与幻想号海盗有着间接联系的囚犯放了。

1695年初秋的一天，超级宝藏号事件的消息终于传到了德里，可能是哈菲汗本人将消息直接上报奥朗则布。除了一些描述英国人暴行的证词，为挑起这位莫卧儿皇帝的怒火，他还故意搜集了两份重要证据：超级宝藏号遇袭事件中的幸存者（其中有些是奥朗则布的亲戚）亲口证实了英国海盗道德败坏的行为；孟买铸币厂生产出来的钱币上面印的是威廉国王的头像，表明这些英国人藐视这位世界征服者至高无上的权力。苏拉特方面的代表团立场坚定地辩称，在超级宝藏号与信仰号遇袭事件中，东印度公司难逃干系。代表团表示，东印度公司对海盗行为并不是视而不见。海上抢劫是该公司商业模式中的重要环节。哈菲汗算了一笔账："孟买公司的总收入主要是靠槟榔和椰子，目前总额为20万~30万卢比。而这些异教徒的商业利润……不超过200万卢比。要想维持英属殖民地日常收支的平衡，他们就得劫持那些前往圣地朝拜的船，每年都要劫持一两次。"[5]

可想而知，奥朗则布听信了这番对英国方面不利的言辞。

(正如赖特所说:"对于这样一个狂妄而自大的统治者来讲,埃夫里那胆大包天的犯罪行为就像是引燃火药桶的火星。"⁶)奥朗则布震惊于这群英国"异教徒"亵渎神的行为,下令没收苏拉特工厂的资产,并做好突袭孟买城堡的准备。东印度公司已经数次试探过我们这位世界征服者的耐心了。英国方面与莫卧儿帝国缔交了这么长时间的贸易伙伴关系,结果,信仰号和超级宝藏号遇袭事件让一切前功尽弃。他们的真面目在埃夫里一系列目无法纪的行为中显露出来:东印度公司纯粹是一种入侵力量,对奥朗则布统治权构成威胁的同时还亵渎了他的宗教信仰。是时候将他们驱逐出境了。

第二十二章
危机中的东印度公司

孟买城堡·1695年秋

哈菲汗和其他苏拉特代表将证据摆在奥朗则布面前,对于奥朗则布而言,袭击超级宝藏号看上去似乎是一种战争行为。然而,如果说这是一种战争行为,难免有些奇怪,至少按当时的规定来看是这样的。严格上说,1695年那次一触即发的军事冲突更像是一个帝国与一家企业之间的,而非两个主权国家之间的。威廉三世并没有以任何正式的方式向莫卧儿宣战。(当时,英国与法国之间的9年战争接近尾声,威廉三世正忙着收尾工作,再加上1694年年末玛丽王后患天花去世,他为此痛苦不已。)即便威廉三世有意与莫卧儿开战,但相对来说,东印度公司更适合主导这场战争,因为东印度公司所掌握的联结伦敦与南亚次大陆的信息网更为丰富、可靠,何况他们在当地已经有了一支舰队,而在孟买设的公司总部实际上相当于一座堡垒。当然,英国皇家海军也有自己的舰队,但其他方面远不如东印度公司适合在南亚地区发动战争。

按照现代人的思维——埃夫里之后的数个世纪形成了一种地缘政治结构,我们习惯从这个角度出发——努力找到英国王室与企业之间关系的相当物。也许最恰当的说法就是,它相当于英国的一种外包行为——将印度方面的挑战与机遇外包给一家私人分包商。国家全权委托这家私人企业去进行贸易谈判、开展海战、扩张领土，即现如今归国家（而非私人企业）所专有的一应权力。在现代人眼里，这种权力分配方式有些匪夷所思，其实当时的参与者也不一定能够理解，部分原因是这种权力分配方式太过新潮。在与外国势力打交道时，这种跨国企业的角色到底是怎样的，没有人能真正说清楚。就像历史学家菲利普·斯特恩所说的那样，在这一时期，"拥有领土主权的国家并没有完全掌控政治权力，国家主权带有综合性、不完整性、混合性、层级性与重叠性"。

同时，埃夫里及其手下的身份界定也是模糊不清的：他们真能做到一边以海盗的身份劫持穆斯林载宝船，一边还能把自己当作英国的守法公民，就像弗朗西斯·德雷克那样吗？在1695年秋天，这同样是个开放性问题。的确，亨利·埃夫里劫持西班牙远洋舰队投资人的船，这是触犯英国法律的，但对方违约在先，没有补偿船员的劳动。埃夫里确实没有特许证，但他在海上的一系列行为，还有那封写给英国当局的公开信，且在信中承诺不会袭击英国船，都表明他试图在法律规定的范围内约束自己与手下人的行为。

这一切都说明，该事件的几个重要参与者（英国人）——埃夫里、安斯利、盖尔以及回到伦敦的公司主管，甚至包括威廉国王本人，都在探索各自角色的边界，因为当时像他们这些角色还没有被明确地界定。其实，他们通过探索自我角色边界来有效地帮助定义这些机构。有三种不同的事物：海盗、企业、国家。没有人知道三者各自角色的边界始于何处、终于何处。亨利·埃夫里的行为之所以引发全球危机，其根源就在于各方角色的边界都是模糊不清的。

当然，从奥朗则布的角度来看，角色边界的模糊反倒少了些分类方面的麻烦：海盗、公司代理、国王——一言以蔽之，都是英国人。但对于生活在奥朗则布辖区内的英国人，主要是塞缪尔·安斯利与约翰·盖尔这类人来讲，绝对有必要在海盗与公司之间做出概念上的划分，至少要让奥朗则布明白存在这种划分。如果不能让莫卧儿皇帝相信二者这种区分是有意义的，那么恐怕在印度这片土地上就不会再有东印度公司的存在了。10月12日，盖尔给伦敦方面写了封有关上个月一系列暴力事件的汇报信。他在结尾用警示性的语句说道："被众人忽视的海盗群体正在逐渐壮大，如果再不采取打击措施，他们会逐年强大，更何况他们已经尝到了做海盗的甜头，然而他们并不知道那些受害者已然把账算到了公司头上，受牵连的是公司和公司的生意。"

而公司在伦敦方面也面临着一种不同的生存威胁。数世纪之前，印度向全球倾销的那些令人疯狂的印花棉布被城里有钱人拿来做衣服或客厅的装饰。与此同时，这也让英国国内毛纺织业遭遇重创，还在当时的整个英国北部引发了以"英国毛纺织业重振雄威"为口号的游行，称国内辛苦劳作的劳工遭到了南亚次大陆工匠（以及那些将国外商品带到英国本土的中间商）的排挤。他们辩驳："东印度公司商船一进来，一半的纺织工就失业了。"[1]

这种指控明显带有性别羞辱的意味。"印花棉布女士"因为自己对棉布的盲目迷恋而毁掉了英国历史最为悠久的产业。看得出来，凡是真正的英国女士都穿羊毛衣物。在伦敦，就连公众阶层中都涌动着这样一种信息。街头卖唱者传唱的是有关印花棉布女士的民谣，诗歌与小册子更是没有什么好态度。（"没有什么/比身穿印花棉布的贵妇/更风骚浪荡的了"，其中有这样的诗句出现。）丹尼尔·笛福将这种对棉布的疯狂迷恋称为"贸易疾病……一种传染病，如果一开始不加以遏制，它就会像瘟疫一样，从首都传遍整个国家"。

1696年3月，毛纺织业保护主义的捍卫者开展了游行示威活动——史上第一次真正意义上的工人阶级运动——这至少使英国议会中的一部分议员意识到，是时候采取严厉的解决措施了。紧接着，行事较为激进的下议院通过了一项禁止进口"一切丝织品、孟加拉棉及印度印花或染色棉布"的法案。至此，仅在15个月内，东印度公司的股价就降了一半。如果上议院也颁布类似的法案，那么英国北部地区的纺织工将对公司造成的毁灭性打击，几乎与奥朗则布威胁要对公司施加的打击一样严重。资产负债表上若除去丝织品与染色棉两项，那么东印度公司就一定会倒闭。

就这样，世界第一家股份制跨国公司——当时算是世界上经济实力最强大的企业，只有各国政府的经济实力可与之抗衡——眼看还有几年时间就到百年诞辰，却面临着国内外的生存威胁。英国把自己与印度之间的外交关系全权外包给东印度公司是一种手段，但不确定这种手段将如何实施，至少在1696年头几个月是这样的。或许，实力强大的帝国会逐渐意识到——如同奥朗则布似乎即将做到这一点——那些资本主义商人对它们的权力构成了威胁，借国家经济力量开展依附性的贸易实践与公开的海上掠夺。或许，那些纺织工会想方设法让保守的上议院站到他们这边，再通过这一法案，那么东印度公司只能倒闭。这两种情况都有可能发生。

我们不该把这种或然历史问题扯得太远。总之，无论当时的反印花棉布群众或海盗制造了多大的阻碍，股份制跨国公司都将发展为一种主流的组织形式。不过，说起它在长期发展过程中所遇到的低谷时期，17世纪最后10年绝对算得上，因为当时发生了受贿案、孟买被囚事件、埃夫里在莫卧儿引发的一系列事件以及英国国内的强烈抵制"印花棉布女士"活动。不过，这是一个转折点，历史长河中的一段，其中的微小干扰因素决定了它最终的发展走向。

面对此次危机，在孟买城堡的防御工事内的约翰·盖尔几次向伦敦方面发报告，语气越来越绝望。第一封是1695年12月邮寄到伦敦东部利德贺街公司总部的，接下来的几个月里又发了其余3封。盖尔提醒总部，如果再不抓捕埃夫里及其手下并绳之以法，那么愤怒中的奥朗则布即使不对公司员工进行大规模屠杀，也会将其逐出南亚次大陆。这时，公司董事会才逐渐意识到，安斯利及其同僚被囚苏拉特一事并非那么简单——孟买公司随时可能遭遇袭击，印度方面的危机将威胁公司未来的发展，其严重程度与英国国内反对印花棉布进口的危机不相上下。命令下达印度境内该公司的各家分公司，凡在该区域内登船的船员，都要接受拘留和审问，以寻找埃夫里的下落。被扣押的人当中，若有从海盗船上下来的，一律以潜在嫌疑人的身份遣回伦敦。

对该公司来说，不幸的是，这是一个动员起来以应对海外危机的不同寻常的挑战时刻。以前，这类问题是交给贸易大臣的，可当时这一行政机构正处于转型期，即将转变为后来的贸易委员会，这一机构由专业的公务员组成。无论是从公司的利益还是从国家的利益来讲，东印度公司都急需得到英国政府的强有力回应。但问题是，负责审理案子的行政机构正处于机构重组的过程中。

不过最后，东印度公司意识到，仅靠自身资源是无法开展大范围搜捕的。6月19日，公司的20名董事聚集在利德贺街的东印度大厦召开了一次"委员会会议"——相当于公司董事会。参会人员由伦敦最有影响力的商人及政要组成，包括东印度公司总裁兼议会议员乔治·博恩、伦敦前市长约翰·弗利特爵士。1/3的参会人都是有爵位的，过去的10年里，绝大多数人都曾因股价上涨而积累了巨额财富，若埃夫里事件导致驻印度公司倒闭，那么他们将遭受巨大的损失。

参加此次会议的一位公司董事，是詹姆斯·胡布隆的哥哥、年近58岁的艾萨克·胡布隆，埃夫里叛变为海盗，归根结底是因为他弟弟组建的这支西班牙远洋舰队。胡布隆参会有双重动机：维护东印度公司在印度的利益，让弟弟的财物损失得到一定的补偿——从那艘花巨资打造的查理二世号被抢算起。

会议讨论了几项日常事务——简单讨论了海关方面的小纠纷

以及支付给商家的一大笔账单,之后就转到了此次会议的主要话题。会议记录了"英国海盗"亨利·埃夫里及其"在红海航线暴力劫持大莫卧儿帝国船的行为,这一系列行为将严重影响公司在这一航线的业务发展"。董事们一致认为,应授权组建一个特别委员会,特别委员会的职责是:"提出最为合理的海盗抓捕方案,无论是需要盖有英国国玺的商标函、委托函,还是需要国王的公告,或者是能够维护公司荣誉与清誉的其他任何措施,以及能够表达公司方面憎恶这种暴行的手段与方法。"委员会还要给奥朗则布拟写一封信,解释公司在此案中是无辜的,同时表达对海盗暴行的憎恶。被提名为委员会成员的有四位,其中一位便是艾萨克·胡布隆。

数周内,公司秘书罗伯特·布莱克伯恩(Robert Blackborne)就向"英国上议院大法官阁下"递交了一份手写的申诉书。文件陈述了埃夫里的种种罪行,并充分引用了1695年海盗信件中的内容,还阐述了安斯利被囚禁一事以及公司在苏拉特的其他事宜。申诉书强调"公司很有可能会遭受苏拉特方面的报复,这将给驻苏拉特及其他地区的分公司带来巨大的不便……此外,公司将被迫中断其在印度港口之间的贸易以及其与英国之间的贸易往来,这也会给公司带来严重的影响"。申诉书用一句恳求的话结尾:"我们由衷地恳求阁下,为避免各方面遭受严重损失,请采取有效措施,相信阁下会做出明智的决断。"

申诉书很快得到了上议院法官的回应,他们立即发布了一份正式公告。公告一开头就在英国法律与海盗暴行之间设立了明确的界限：

　　我方从总督及伦敦商人在东印度贸易的公司获悉，一个名为亨利·埃夫里的人控制了幻想号，据说，此船配有45门火炮，130名船员。这些海盗以英国人的身份在公海实施抢劫并几次在印度与波斯海域作案，对英国商船造成了严重打击……我方特此下令，所有皇家海军上将、船长、从事海事活动的其他军官、皇家各要塞堡垒和其他一应辖区内的总督与指挥官，对亨利·埃夫里及船上随行人员实施抓捕并在公海海域对其进行处决。

　　紧接着又发布了一份公告，这一次，刚刚成立的贸易委员会也加入了。这份公告以上议院法官草拟的初稿为依据，由威廉国王亲自签发，声势扩大到广泛的权威阶层，其实也包括普通公民。公告鼓励所有人都加入追捕埃夫里及其手下的行列：

　　在枢密院议长的提议下，我们请求、命令几处郡县的治安官、各辖区长官及各自的副官、城镇地方法官、军队长官、部队及驻军指挥官，还有深受我们信任的其他岗位工作人员、全国上下军事与民用部门以及广大善良的国民，请各位尽全力追捕、拘押那个名叫亨利·埃夫里的主犯及数名从犯……

　　针对海盗问题，英国政府方面进一步与东印度公司特别委员会进行了秘密磋商，随后补加了一项悬赏，金额相当于我们今天的5万多美元，据说是东印度公司私下提供的资助款。

公告还提及，只要抓到幻想号上的任何一名船员都可以拿到一笔赏金，只是金额较小。悬赏，再加上那句直白的"广大善良的国民"，给所有海上生活群体传递了一个明确的信号：除了治安官和指挥官，也欢迎海盗们提着亨利·埃夫里的头来领取赏金。实施抓捕时，若因情况紧急，可打伤埃夫里或其手下人；公告还表明，"善良的国民在与亨利·埃夫里较量的过程中，若出现砍杀、割伤或其他暴力行为，都将免除刑事责任"。在抓捕他的过程中，必要时可使用极端方式，英国王室允准领赏的追捕者这样做。

于是，一场史无前例的涉及全球军事力量网、地区执法人员、偏远殖民地前哨总督与各商船船员的搜捕行动——再加上那些业余赏金猎人，其中很多都是海盗——铺天盖地地开展起来，他们将全力追捕这名通缉犯。虽说这拉开了未来全球性通缉行动的序幕，相当于现代版"人类公敌"本·拉登通缉行动的前例，但由于当时沟通渠道落后，结果一切都被耽搁了。消息经水路从孟买传到伦敦再传递回来，再加上贸易委员会刚刚成立，走官方流程需要一定的时间，种种因素导致英国政府的危机应对措施遭遇严重阻碍。英国方面虽然极力撇清与埃夫里"暴力行为"的关系，又使出悬赏这一招，但是从亨利·埃夫里的角度来讲，最初的那份公告最重要的部分是结尾的那行字：签署日期，1696年7月17日。[2]

等各权威机构如火如荼地开展全球性通缉行动、明码标价地买他的人头时，亨利·埃夫里早已抢占了10个月的先机。

第四部分
Part Four

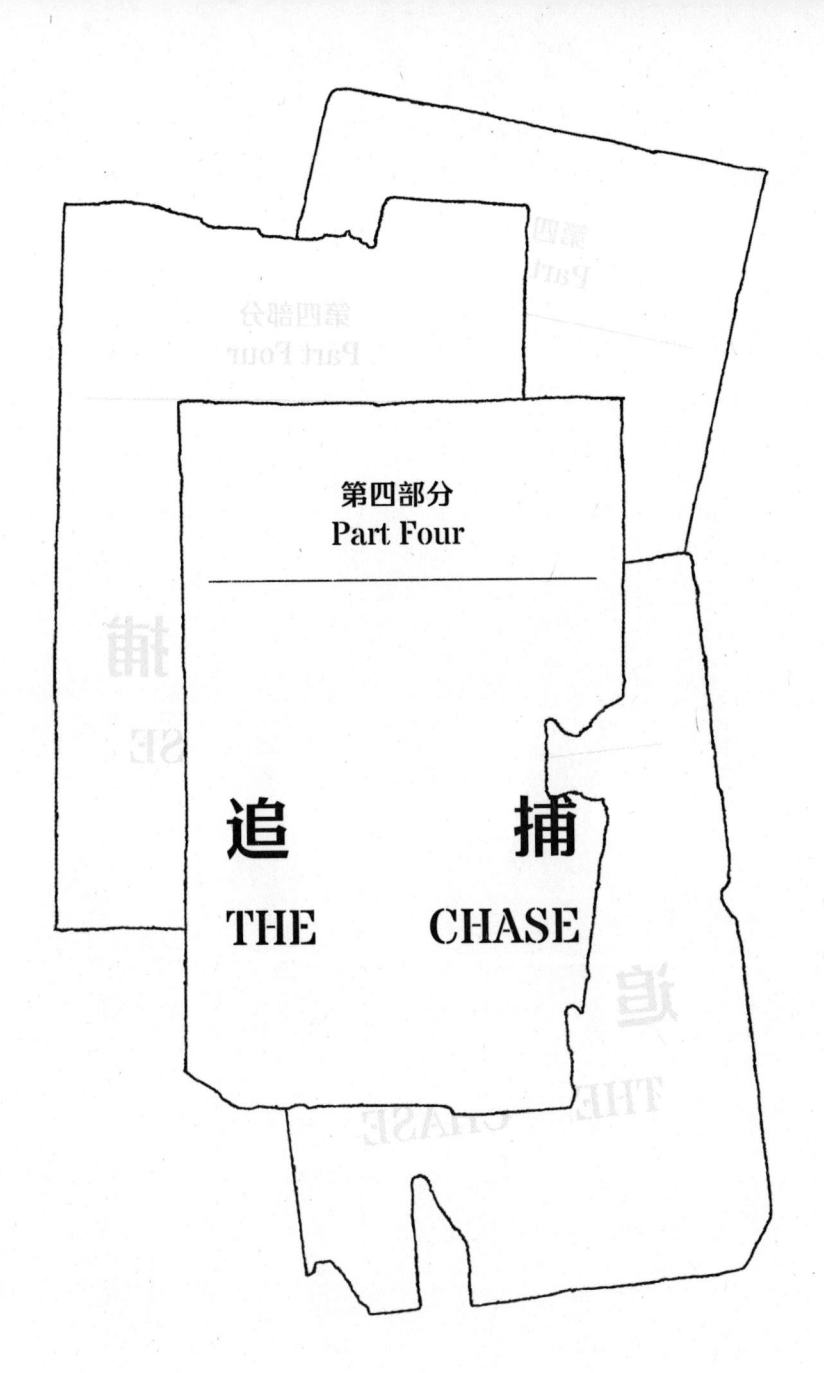

追 捕
THE CHASE

第二十三章
逃 亡

印度洋与大西洋·1695年秋冬

后来，约翰·丹恩提到超级宝藏号被劫事件时冷淡地说道："我们尽可能便宜行事，把船和船上的人都放回苏拉特了。"看着超级宝藏号朝陆地驶去，亨利·埃夫里脑海中可能只有一个想法：为了这次绝佳的机会，大家耐心地等了15个月，此刻时间紧迫。信仰号很有可能已经赶往苏拉特了，用不了几天，超级宝藏号也会抵达苏拉特。等最后一拨乘客下了载宝船，莫卧儿皇帝会倾尽全力派人追捕他，更别提东印度公司的人了。埃夫里及其手下船员必须乘幻想号尽快逃离案发现场。

但首先，他们得分赃。在袭击穆斯林载宝船队时，剩下的三艘船——幻想号、珍珠号和苏珊娜号，虽然在战斗力量上占据了优势，但此时此刻这三艘船聚在一起十分不便，尤其对于埃夫里来讲，若航行顺利且可以借助风力，他可以在半天之内将其余两艘船甩得无影无踪。但此刻，他还不能抛下这两艘船，要把从信仰号和超级宝藏号上搜刮来的掠夺物分发完才可以。

要说海盗们在哪种事情上最坚持原则，那就要数分配掠夺物这件事了，它如同法典中的法规一样神圣。分发掠夺物一定要公平，否则，整个海盗事业就会失去其在物质方面的诱惑力。海盗们冒了那么大风险，生活条件那么恶劣，一不留神就会在航行中丢掉性命，背井离乡来到 5 000 英里以外的地方——他们之所以能克服内心的种种恐惧，完全是因为以下两点：第一，跟着这个群体，就有可能在几个月之内获得巨额财富；第二，组织上会把所得财物公平地分配给所有参与者。当时，海盗们所生活的社会完全受胡布隆勋爵或奥朗则布那类人掌控，他们是数代财富的继承者。然而，就像 15 个月前埃夫里对吉布森船长说的那样，能摆脱贫困出身、自己赚取财富的平民寥寥无几。而这恰恰是海盗生活给予你的美好承诺：带你摆脱贫困和被奴役的命运。而兑现这一承诺的唯一方式便是公平地分配掠夺物。

分配掠夺物可不是件轻松的活计。从两艘船上搜刮来的货币有十几种，谁也不了解当时的汇率，更不知道如何换算，所以分配掠夺物只能靠估算。而且，除货币外的掠夺物更难估价：珠宝、象牙、丝绸、香料。舵手道森需要几天时间才能确定恰当的分配比例，再加上分发掠夺物本身也需要耽搁些时间，而这个时候，这三艘船的防御能力是最差的：停靠在一起，手下人的注意力都在那些金银上。

埃夫里指挥三艘船向南航行，依旧沿着印度海岸。孟买南部的拉贾布尔附近有一处贸易中心，那里设有东印度公司的一个小型前哨站，他们在那里给船蓄了些水，添了些补给，道森负责把掠夺物分发下去。最终的结果是这样的：三艘船上的人分到的金额分为多个级别。"有些人拿到 1 000 英镑，有些人拿到 600 英镑，有些人是 500 英镑，还有些人更少，划分依据就是组织上认为他们应该拿多少。"菲利普·米德尔顿后来说道。米德尔顿是年纪最小的船员之一，他拿到了"100多英镑"，不过据他所说，后来那些钱全被同船的伙计约翰·斯帕克斯"抢走了"。

对于一个普通水手来讲，500英镑相当于他一辈子的工资。回想一下，像西班牙远洋舰队那种工资待遇异常优厚的地方，承诺给绝大多数船员的工资水平是每月3英镑。照此计算，一个在顶级企业工作的人，得连续工作10年才能拿到500英镑的薪水。若是为英国皇家海军效力，需工作30年才能拿到同等金额的工资。按照后来民间传说，亨利·埃夫里在袭击超级宝藏号事件中公开分到的金额是2 000英镑，光是拿到的黄金就足以令他成为"海盗之王"，以此过完余生。这些钱用来打发余生的休闲生活尚可，但绝对称不上富可敌国。

当然，埃夫里要想悠闲地度过余生，就得想办法摆脱即将到来的追捕。很明显，埃夫里和手下人不能像德雷克那样逗英雄，把幻想号开回泰晤士河船坞再弃船逃走。为了逃脱法律的制裁，以及那些或许正在寻找他们的赏金猎人，他们只能弃船逃跑，还得把从载宝船上抢来的钱洗白。于是，这三艘船先朝西南方向横穿印度洋，抵达留尼汪岛，也就是当时的波旁岛。

早在一千多年以前，附近的马达加斯加岛就已经有人类定居了，波旁岛属于多山地形，某种程度上讲，它是排斥潜在的定居者的。16世纪欧洲人首次发现这座岛屿时，整座岛都没有人类居住，所以说它是世界上人类最后定居的岛屿之一。17世纪中叶，法国人在这里建了一个永久基地，后来，他们在岛上种植香

第二十三章 逃 亡

草（曾是世界上最值钱的商品之一），并逐渐将其发展成一项长期获利的产业。为了改善这里崎岖的地形条件，便于修建种植园，法国人就去马达加斯加岛购买（或者抓捕）奴隶。1695年秋，埃夫里和手下人来到这座岛屿时，这里已经发展成与马达加斯加岛齐名的海盗巢，同时也是日渐兴盛的奴隶贸易中心。

停靠在波旁岛之后，埃夫里在那些法国人面前装作一名奴隶贸易的无证营业者，早在报名加入西班牙远洋舰队之前的几年，他就干过这种勾当。（无证营业者这种职业本质属于一种边缘性犯罪，不过，一个普通的无证营业者总比全世界通缉的海盗好。）埃夫里重新使用了自己的化名本杰明·布里奇曼，还用超级宝藏号上的一些宝物买了90个奴隶。[1] 埃夫里买来的戴着镣铐的奴隶绝大多数都是生于马达加斯加岛的，刚被那些法国移民抓到波旁岛。很难想象他们那种颠沛流离、内心充满恐慌的生活经历：原本出生于祖先定居几个世纪的岛村，后来被法国人抓到一个崎岖、偏远且有史以来没有人类居住的岛屿，被逼着做苦工，把这里的火山土质改造成适合农业发展的土质。后来有一天，一觉醒来突然发现自己被卖给了一个英国海盗，戴着镣铐待在一艘船的甲板下面，不知要去往何处。

在波旁岛购买90个奴隶是一项重要的任务，埃夫里这样做的目的其实和绝大多数犯罪头目一样，那就是洗钱。这种事现在听来觉得很恐怖，然而，凡是他们能去的贸易中心，奴隶是最容易兑换成通用货币的。而且，奴隶不会让人联想到超级宝藏号劫持案，不像幻想号船员口袋中的"阿拉伯金币"那般惹眼。如果埃夫里想以奴隶贸易的无证营业者本杰明·布里奇曼的身份做掩护，那么这近 100 名戴着镣铐的奴隶更容易让谎言变得可信。

此外，当时船上的近 50 名船员想永久定居在岛上，他们或许打算前往知名的海盗乌托邦——马达加斯加岛，所以埃夫里需要奴隶补充船上的劳动力。这些船员中，有一半是法国人，三分之一是丹麦人。后来听米德尔顿解释："他们心里害怕，如果去英国，很有可能会被抓住绞死，因此他们以为待在那里是安全的。"[2] 然而埃夫里却有着另一番计划。他深知巴哈马群岛殖民地前哨的腐败，如果他们能在不被发现的前提下航行 5 000 英里到新普罗维登斯岛（其东北岸为现在的拿骚），或许可以把幻想号丢弃在那里，就地解散。据约翰·丹恩所说，当时埃夫里的计划遭到了一些船员的反对，险些引发混战，那些船员辩驳，无论那里有多腐败，南美洲的法国殖民地卡宴都比到处是英国人的新普罗维登斯岛安全得多。丹恩还写道："然而埃夫里船长坚持如此。"[3] 于是，幻想号便朝巴哈马群岛驶去。

通常，从东非到西印度群岛的常规航线需要在一些可靠的港口多次停靠——南非的荷兰开普殖民地，或者英国驻南大西洋圣赫勒拿岛的前哨站，好让船只蓄些水，添些其他食物。不过，埃夫里早把自己当成了悬赏通缉犯。（其实他不知道，距离王室下发公告还有 6 个月的时间。）所以，在前往巴哈马群岛的途中，他们一直尽量避免与欧洲国家港口的所有接触。

与珍珠号和苏珊娜号分开后，幻想号终于可以自由自在地全力前进了，她绕过好望角朝非洲以西 1 000 英里的小小的无人居住的阿森松岛驶去。(虽然埃夫里海盗生涯中的很多事都是靠幻想号的速度才得以实现,但看得出来,航行途中幻想号的导航能力也是不容小觑的。)抵达阿森松岛时,正巧赶上巨型海龟的繁殖季节,船员们往船上抓了50只,就这样,剩下旅途就大都以龟肉为主了。令人意想不到的是,又有17人决定留在阿森松岛,宁愿在世界上最为偏远的岛屿之一上流浪,也不愿冒着被英国当局逮捕的风险前往新普罗维登斯岛。

  4月的最后几天,幻想号终于抵达了巴哈马群岛的外岛,离新普罗维登斯岛仅有一两天的航程,船上载着113个自由人和90个奴隶。埃夫里冒着风险,勉强顺利避开了那些正规的外围补给站。等他准备前往最后一站——新普罗维登斯港时,舱里只剩下两天的口粮了。

第二十四章
公开宣战

孟买城堡·1695 年底

哈菲汗在苏拉特采访完超级宝藏号上的幸存者以后就继续去履行他最初的使命了，那就是为拉希里长官阿卜杜勒·拉扎克运送货物。哈菲汗从苏拉特出发，沿海岸线南下，于 1695 年秋末的某天到了孟买郊区。后来才发现，原来拉扎克与约翰·盖尔是旧识，于是拉扎克随手给这位东印度公司总裁写了封信，告诉盖尔，自己的一名大使不日抵达孟买。他建议两位见面谈谈，看能不能想办法打破眼前的僵局。在孟买城堡等待奥朗则布有朝一日下令一举拿下公司总部的盖尔决定抓住机会，索性把事情的原委跟哈菲汗说清楚。接着，盖尔传话给身为参谋长的弟弟，让他私下给哈菲汗发一份邀请函，请哈菲汗来孟买城堡，两人进行一次面谈。

此刻品读哈菲汗笔下那部描写奥朗则布时代的史诗级著作，你会发现，他对英国商人的厌恶之情其实是跃然纸上的。（"说到这场乱局，"在提到与盖尔的会面时，他这样写道，"我，身为这部著作的作者，不幸要去见一见这位身在孟买的英国人。"）虽然他对东印度公司有厌恶的情绪，却没影响他发挥他那专业、敏锐的报道技能。他描写了他拜访盖尔时的情景，让我们史无前例地见识了危急关头英国与莫卧儿之间和谈的过程。

一进入孟买城堡,哈菲汗就注意到了那些穿着正装站岗的公司警卫,气势着实令人惊叹:

每往前走一步,就会发现周围都是这样的年轻人,他们留着胡子、长相帅气、身着正装、手持精良火枪。再往前走,又是一组与之年纪相仿、服饰与装备相似、留着长胡子的英国人在站岗。再往后,我看到一队年轻的火枪手,他们穿着讲究的正装,整齐地站成几列。紧接着,我看到的是留着白胡子、身穿锦缎正装、肩上扛着火枪的英国人,他们站成两列,队列整齐划一。接着,我看到几个英国孩子,长相帅气,帽檐上缀着珍珠。

总之,哈菲汗目测,他所经之处共有 7 000 名火枪手,考虑到那一历史时期英军的作战规模,这算是大阵仗了。穿过队伍,哈菲汗被直接带到了盖尔的办公室,一进门,总裁就给了他一个拥抱并请他入座。(两人应该配了一名翻译,不过,哈菲汗并没有提。)两人提了一嘴中间人阿卜杜勒·拉扎克,出于礼貌,盖尔对哈菲汗表示,拉扎克很赏识他这位大使。不过没过多久,两人就谈起了当天更为紧要的有争议的话题。盖尔问这位来宾,为何自己的人至今仍被囚禁在苏拉特。

哈菲汗富有诗意地回答道:"虽然您不愿承认那些人的丑行,但这群邪恶的家伙犯下了滔天罪行,凡有良知的人都会加以斥责,您问我的这个问题,就像是在阳光明媚的日子里,睿智的人在问太阳在哪里一样。"

盖尔听后加以反驳。"那些心有成见的人故意拿别人的错来对付我,"他说道,"您如何知道这种事是我的人干的?您有确凿的证据吗?"

说到这里,哈菲汗当然底气十足,因为他手中有目击证人的证词。于是,他解释:"那艘船上有很多我认识的有钱人,还有两三个穷人,所谓的穷人,是指他们缺少世俗人眼中的财富。我听他们说,那艘船遭遇抢劫的时候,他们被囚禁起来,还看见几个人,从穿着和长相上判断,应该是英国人,这些人的身上有刺青、伤口和伤疤,还用自己的语言说道:'我们身上这些伤疤都是围攻西迪·雅库特时留下的,时至今日,我们心灵上的创伤已经好得差不多了。'其中有个目击证人能听懂印地语和波斯语,是他将这些话翻译给我那些朋友的。"

听了哈菲汗的这番话,盖尔毫不掩饰地哈哈大笑,不过,他并没有对这些事实加以反驳。他承认:"他们或许真说了这些话,也的确有可能是英国人,在围攻雅库特可汗的时候受过伤,被他囚禁过。"盖尔接着解释,但他们不是东印度公司的人,而且公司严令禁止他们的这些行为。

听了这番话,哈菲汗一脸微笑地看着盖尔,不失礼貌地加以反驳:"早就听说您思维敏捷,话语周密,如今我领教了。我由衷地欣赏您这种能力——可以不假思索地随口给出这种合情合理的辩词!"但是接下来,哈菲汗提到了公司将英国国王头像印在钱币上这一事实,那微笑的面容背后透着一丝威胁:"不过,您

第二十四章 公开宣战

一定能回想起来，比贾布尔和海得拉巴的世袭国王以及那个一无是处的桑巴都是奥朗则布的手下败将。区区一个孟买，难道真能成为避风港？铸造卢比这件事，俨然是一种公开的宣战！"

至此，盖尔并没有对哈菲汗这番言简意赅的事实陈述加以反驳，转而将矛头指向了莫卧儿的货币。他解释："我们每年都要把一大笔钱币运回本国，这也是我们商业利润中的一部分。然而印有莫卧儿皇帝头像的钱币没有什么市场，再加上莫卧儿钱币的重量不足，而且质量不过关，买卖钱币的过程引起了岛上人的极大非议。所以，我们只好用自己的钱币，而且只是在我们自己的管辖区内流通。"盖尔辩解，英国人完全没有反对作为皇帝的奥朗则布的意思，身为生意人，他们只是需要一种稳定的流通货币。

这次谈话似乎依旧没能打破僵局，但至少双方在和谈。盖尔本希望能延长谈话时间，但哈菲汗坚持认为，最好还是保持谈话的专业性。"英国人本想邀请我体验一下他们的流行娱乐项目，"他写道，"但是我没有接受……还好我能脱身。"

第二十五章
猜测不等于实证

巴哈马群岛拿骚·1696年4月1日

对于18世纪头几十年那一代声名鹊起的海盗而言,拿骚既是一处安全港,又是声色犬马的天堂,可以肆意玩乐。然而到了1696年,新普罗维登斯岛的这座中心城市俨然变成了一处艰难求生的村庄。这里原叫查尔斯敦,1684年被西班牙人的一场大火夷为平地。埃夫里到来的几年前,巴哈马地区总督尼古拉斯·特罗特借用威廉三世的原名奥兰治-拿骚,将这处殖民地改名为拿骚。由于与法国的长期混战,特罗特的重建工作受到了阻碍,进而对流入该岛的贸易造成了严重影响。这里资源匮乏,连在港口建一座差不多规模的码头都无法实现。法国人已经控制了附近的埃克苏马岛,据传,巴哈马群岛是法国人下一个要攻占的目标。特罗特指挥建造了一座新的堡垒,配有28门火炮。可是,特罗特没有战舰可以抵御法国的海上攻势,而且陆地上的居民只有60人,几乎没有足够的人力去操作堡垒中的火炮。

1696年4月1日这天,一艘神秘的船出现在港口,船上一个名叫本杰明·布里奇曼的奴隶贩子向他提出了一个匪夷所思的交换条件,再加上眼下的种种不利因素,想必这位地区总督一定背负了沉重的思想压力。

亨利·埃夫里利用数月的时间琢磨了一番，等幻想号最终抵达巴哈马群岛，接下来要怎么办。近一年以来，除了船上的200多人，他完全断绝了与人类社会的沟通。由于消息渠道闭塞，就连在安全港进行补给时都没有听说任何小道消息，埃夫里无从得知自己到底是不是在逃犯。超级宝藏号遇袭事件已经过去了7个月，或许印度方面的愤怒情绪已经平息了，或许拿骚当局还没有听说他的事。在拿骚成为海盗巢之前，它就对海盗活动或者奴隶贸易这种事睁一只眼闭一只眼，所以它作为英国法律灰色地带的名声早就在外了。甚至，埃夫里及其手下很有可能被当成英雄来对待。当然，也有可能会被当成人类公敌——通缉犯对待。

埃夫里行事一向谨慎，他决定去探探底。他把幻想号停在荒无人烟的霍格岛北部，正好处于新普罗维登斯岛的盲区。（20世纪60年代，霍格岛被誉为天堂岛，如今庞大的亚特兰蒂斯度假胜地就在该岛。）埃夫里将手下人召集到甲板上，概述了他的计划。幻想号船员想用一笔钱贿赂这位拿骚总督，以此来保证自身的平安。至于贿赂金，所有船员从私房钱中拿出一部分来：20枚银币，再加上两枚金币。按照海盗们利益均分的传统，埃夫里船长要拿出两倍的钱来作为贿赂特罗特的资金。无论是抢劫还是贿赂，协议条款中的规定是神圣不可侵犯的。

埃夫里用自己以前的奴隶贩子的身份给特罗特写了一封信。（其实，幻想号上那90名奴隶更能让人相信他是一名奴隶贩子。）后来，菲利普·米德尔顿称自己亲眼看过那封信。信中只跟特罗特提了一个简单的交换条件。"如果他能允许他们自由上岸、离岸，"米德尔顿回忆说，"他们就承诺每人给那位总督 20 枚银币、两枚金币的好处费，另外，幻想号及船上的一应物品也归他所有。"

过去近两年的时间里，自从叛变离开阿科鲁尼亚，幻想号已经为埃夫里及其手下效了不少力。但此刻，她成了大家的累赘。的确，她船体灵巧，埃夫里"从不担心会被别的船追上"。但现在他担心的是别的事。如今，他不用再跟对手比谁跑得快了，到了该分道扬镳的时候。

埃夫里手下的一名高级船员亨利·亚当斯带着其他几名船员上了大艇，拿着本杰明·布里奇曼的信，朝新普罗维登斯港驶去。特罗特刚看到那封信时一定有满脑子的疑问，一个英国海盗为什么出这么高的价，包括他自己的船，难道仅仅是为了找个机会进港？特罗特也一定想过，作为好处费的银币和金币肯定是非法所得。幻想号，还有"船上的一应物品"，无疑是赃物。不过，特罗特后来在辩词中说，他是在三个月后才收到那份全球通缉埃夫里的公告的。他那里距苏拉特有 8 000 英里，再加上法国海军的破坏，他们与欧洲的沟通渠道经常受阻，所以他当时完全有可能不知道有关超级宝藏号的一系列争端。不过他一定清楚，一旦接受本杰明·布里奇曼的交换条件，就意味着自己将和一名海盗搅和在一起。然而，他无论如何都想不到的是，这名海盗恰巧是世界上最臭名昭著的那个。

对于特罗特来讲，布里奇曼给出的贿赂条件不仅具有经济上的吸引力。看布里奇曼那封信的时候，他虽不清楚幻想号有多

"灵巧"，但是，若法国来犯，有这样一艘配有46门火炮的战舰来守卫他这片脆弱的殖民地，他就相当于掌握了一项强大的新资源。一夜之间，大量涌入的男性将使小镇的人口增至原来的3倍。即便布里奇曼手下的船员只有一小部分留在拿骚，特罗特也算是有了足够的人力。有了这艘战舰，再加上新建的堡垒，他就可以与法国人抗衡一阵子。这就相当于在西印度群岛上新建了一处繁荣的前哨，英国当局一定愿意让他与这位英国人谈判并达成交易，无论此人过去有多少污点。

不管特罗特心里到底打什么算盘，总之，他写了一封回信，信中措辞"非常友好"。米德尔顿后来说道："他表示，很欢迎埃夫里船长和他的同伴前来。"他们达成的条件是：幻想号船员可以自由出入岛屿，作为回报，特罗特将得到一艘配有46门火炮的战舰以及一小笔赃物。

一年多后，这件事才变得明了，这位总督不仅给世界头号通缉犯提供了避难所，还私吞了一艘从别处偷来的战舰，西班牙远洋舰队的原始投资人起诉特罗特，试图从那场毁灭性的风险投资中挽回一些损失。特罗特在辩词中称，当时的小镇除了欢迎埃夫里登岛外别无他法。他在宣誓后提供证词："即便当时新普罗维登斯岛有足够的人力，也绝对有必要引进那艘战舰，因为要不是有引进的战舰（配有46门火炮）的消息传出，那么4月4日当天，恐怕法国人早就占领了离之最近的盐池，接下来的袭击目标就是新普罗维登斯岛。"当被问到他当时是否意识到那些人是海盗时，特罗特无辜地说："我怎么知道呢？仅仅是猜测而已，没有证据。"[1]

历史学家科林·伍达德这样写道:"不久之后,一艘巨轮就从霍格岛那边开了过来,甲板上站满了水手,两舷配有炮口,由于船上载着沉重的货物,一部分船体沉在水里。最先上岸的是亚当斯和他的队伍,大艇上装满了袋子和箱子,里面便是承诺提供的好处费:一大笔银币,还有产自阿拉伯半岛及其他地区的金币。"据米德尔顿所说,最终幻想号上还剩有"50吨象牙,装配好的46门火炮以及约100桶火药和几箱火枪"。

等水手们卸完货物以后,亨利·埃夫里乘着那艘大艇上了岸,尼古拉斯·特罗特前来迎接。回去之后,两人私下里又谈了话。

至此,亨利·埃夫里将不会再登上幻想号。

第二十六章
盐水水域警备团

印度苏拉特·1695年冬至1696年春

塞缪尔·安斯利一伙人如同一群被困在苏拉特工厂的狗，被剥夺了自由，不过，倒是有一样东西比较富足，那就是时间，可以用来思考些事情。就这样，他一直被囚禁到1695年冬天，此时他脑海里开始有了一个想法：或许，公司可以将超级宝藏号遇袭这场灾难性事件转变成一次机遇。最初，奥朗则布从哈菲汗那里听说海盗抢劫的消息并正式表态时，这个想法就在他脑海中成形：如果东印度公司想继续在南亚次大陆做生意，就得"找到那些滋事的海盗，或者想法子让那些在超级宝藏号遇袭事件中遭受损失的商人满意，保证他们的财物安全，并用武装船去护卫商船，也就是说，无论如何都要保证他们不受滋扰，若真出现了损失，也要尽可能补偿以令其满意"[1]。

公司已承诺会"去搜捕那些滋事的海盗"，或者至少会将其中的某一个找出来。其实，莫卧儿皇帝那份公告的重点在于后半部分，奥朗则布提出，公司须保证印度穆斯林商船的"安全"，需要"武装护卫队"。奥朗则布认为这是英国方面必须做出的让步，若想与莫卧儿维持友好关系，英国方面无论如何都得做到这一点。不过，在安斯利看来，其中另有一番机遇：一种开端。在写给盖尔的信中，安斯利把莫卧儿皇帝公告中所提到的警备团比喻成国家某一特别领域的军事执法警官。在海运方面，东印度公司已经是最有实力的船舶企业，绝对是护卫奥朗则布（以及像阿卜杜勒·加法尔那样的商人）的舰队的最佳选择。那么，能否说服莫卧儿皇帝授予公司在海运方面的特权，就像那些警官在陆地上享有特权那样？1695年底，安斯利在写给盖尔的一封信中提议："那些警官就是靠保护陆地上的人的财产不受损失来赚取薪水的，我们公司也可以保证盐水水域的财物不受损失。如此体面又实惠的利益将极大弥补我们目前所遭受的耻辱与损失，而且英国将永远免遭此难。"[2] 安斯利认为，这一新的角色将有助于解决公司的盈亏底线问题，也就是说，公司可以以海上安保部队的名义每年向奥朗则布索要40万卢比的服务费。

刚开始，盖尔抵制安斯利的这一策略，大体上是因为公司目前的境况实在太差，没有足够的资源给奥朗则布的舰队提供可靠的安全保障。但是，安斯利依旧坚持。在他看来，对于公司而言，护卫莫卧儿舰队这件事绝不只是缓解超级宝藏号危机的权宜之计，也不单单是一种新业务。他开始在脑海里勾勒出一幅蓝图，那就是公司将来一定会掌握海上霸权。他坚称，未来那些船将在"我们的护卫之下，就如同我们自家港口中的船一样，我们会守护好，友善的我们将之视为己任"。被赋予了这种法律特权以后，公司就可以代表英国守护印度洋海域的自然法则，进而整个地区的权力分布将找到一个新的平衡点。安斯利发现，就当下的形势来看，公司仅在孟买享有稍许权力。身上的镣铐与看守每天都会提醒安斯利,即便是在公司驻苏拉特的工厂里,公司的权力也是十分受限的。然而,如果奥朗则布能够认可他们的护卫能力,允许他们为穆斯林载宝船及其他商船提供安全保障,不受海盗侵袭,那么他们的权力范围将大大扩展,即便不能延伸至陆地,也能覆盖整个海域。

历史学家菲利普·斯特恩曾令人信服地断言,这个策略——最初由被囚禁在苏拉特工厂的塞缪尔·安斯利提出——将会是印英两国之间关系发展的转折点。说到大英帝国在南亚次大陆的崛起,有一种传统的说法总是有意无意地忽视这一转折点。据斯特恩所言,标准的说法应该是这样的:把东印度公司想象成以"经济实体的形式掌握主权的机构——具有偶然性、随意性与非主动性——随着罗伯特·克莱武于1757年在普拉西战役中获胜,该公司在孟加拉地区大规模扩张,8年后,该公司承担起了莫卧儿地方官员应承担的税收和治理职责"。斯特恩在复述这部分内容时表示,回顾安斯利当时的"盐水水域警备团"策略,争取霸权的背后是有更深层次原因的。斯特恩写道:"要想打击海盗,就得弄清楚海上领域中正义与非正义暴力、公共与私人权力、光彩与不光彩行为之间的根本区别。还要用强制的手段去区分这一根本区别,并在各航线上行使某一特定形式的统治权。"

最终,盖尔发现了安斯利所提策略的高明之处,这一策略也获得了东印度公司委员会的批准,提议与奥朗则布和解:公司将赔偿莫卧儿皇帝的一切损失,并愿意承担护卫莫卧儿船的责任。1696年的头几个星期,眼看那些被囚禁在苏拉特工厂里的人就要被释放,却没想到,与奥朗则布皇室的谈判持续了数月之久,部分原因是莫卧儿皇帝本人依旧对埃夫里亵渎神的种种行为耿耿于怀。据哈菲汗所说,最后,是那位受制于安斯利的苏拉特总督伊蒂玛德·汗平息了奥朗则布作为正义一方的怒火。哈菲汗这样写道:"他审视了一下当时的情况,得出的结论是没有解决办法。此外,如果继续与英国方面僵持,只会对海关税收造成严重影响。"另外,安斯利的传记作者则归功于印度政治家阿萨德·汗的远见卓识,这位政治家意识到"与东印度公司的持续对抗将是一件费时费力的事,而且最终会给帝国财政造成严重的影响"[3]。一番商讨过后,两位的观点似乎都归结到盖尔最初所提的观点上:东印度公司是莫卧儿帝国的利润中心,不能将它驱逐出境。赖特说:"虚惊几场之后,6月27日,法院批准工厂恢复运营的消息下达苏拉特,进而传达到工厂,同一天,总督命人卸下了被囚禁者的镣铐,撤走了门口的守卫。"至此,亨利·埃夫里袭击超级宝藏号事件过去了9个月,东印度公司终于又能正常营业了。

获释前的数月,约翰·盖尔还在孟买城堡里不停地斟酌,安斯利也在苏拉特戴着镣铐,谁能想到,仅仅60年后,东印度公司成了南亚次大陆的一个帝国:一家项目资产过亿的企业/帝国。是安斯利的远见与盖尔的谈判力,使这场危机转变为东印度公司扩大其统治权的机遇。对于东印度公司而言,历经万难之后,原本一场无法脱身的生存危机,居然成了帝国崛起的第一次萌芽。

从定义上讲,或然历史与虚构小说几乎没有区别,但就这段历史陈述来讲，但凡其中出现一些细小的偏差，结局都会是截然不同的。假如没能与奥朗则布就超级宝藏号危机一事达成和解，假如塞缪尔·安斯利没能从莫卧儿皇帝最初所提的要求中察觉到机遇，那么东印度公司很有可能就会被迫放弃苏拉特与孟买的工厂。没有了生财的渠道，又被那些毛纺织工与其他贸易保护主义团体诋毁，恐怕用不了多久，公司就会被国内外的双重困境压垮。不难想象，一些结构松散的继任公司会在几年之内入驻苏拉特和孟买，与那些荷兰人、葡萄牙人打交道。然而，若连接两国的商业渠道由这数十家小公司打理，英国最终还能在印度领土掌握霸权吗？这个问题无法断定，不过可以肯定的是，概率会相当小。

自从贾汉吉尔允许英国人前来本国"自由买卖、运输商品"，80多年来，英国人一直都在陌生的领土上做生意，时而受欢迎，时而处于被驱逐的边缘。但如今肩负着护卫穆斯林载宝船队前往麦加朝圣、保护海域不受海盗侵扰的职责，就此，英国掌握了一项前所未有的财富，一种定义英国与南亚次大陆之间关系的新型力量：法律的力量。

第二十七章
归 乡

爱尔兰邓法纳希·1696 年 6 月底

海盗们不可能在拿骚久留，因为对一个只有 60 名常住人口的、闭塞的前哨来讲，这群人太过引人注目。这座偏僻的小镇上有两家酒馆，他们花钱买了些酒，要知道，当时全世界都在撒网通缉他们，由于那位贪腐的英国总督提供方便，他们才得以留在此处，其实，这些人或许早该知道，那里是很容易暴露的。尼古拉斯·特罗特使出浑身解数想要留住他们，还在家里宴请了这些未来的巴哈马人。（菲利普·米德尔顿后来回忆："其中的一个人打坏了一只酒杯，总督居然要求他赔偿。"）特罗特虽然对这些新来的人以礼相待，却并不怎么善待幻想号。埃夫里那群人将船交给这位总督之后，他就把她交给了一群"无论是从能力还是从人力上都无法给予她安全保障的人手里"，后来，他在写给贸易委员会的信中是这样汇报的。詹姆斯·胡布隆花钱造的这个"出色的商船"最终以一场事故结束了她短暂的一生，再也没能扬帆远航。后来，菲利普·米德尔顿称她的结局是"悲惨的"：这样一艘速度无可匹敌的巨轮，载着他们安全行驶了 1 万多英里，却沉没在了拿骚港口的浅水水域中。

尼古拉斯·特罗特的一番热情打动了埃夫里手下六七个人，

他们决定留下,在这个偏远的殖民地前哨销声匿迹,融入小镇生活,从此被人遗忘。不过,他们做这样的决定似乎也有个人原因。留下来的人中,有些跟拿骚女人结了婚。(舵手亚当斯似乎没过几天就娶了一位拿骚女人。)不过,其余人还是决定离开。

就这样,在短短的一两周之内,这些人分成了三支逃亡队伍。其中一组有23名海盗,他们在镇上弄了艘单桅帆船。这些人打算直接返回英国,他们觉得泰晤士河码头的边境管制比较松散,可以从那里溜进去跟家人团聚。人数最多的那支队伍依旧想按照原来的想法去寻找可以让海盗安身的地方,就像马达加斯加岛和拿骚那样,不过,这一次要找个大一点儿的地方。于是,这些海盗选择了美洲殖民地。

之所以选择美洲大陆,部分原因是距离比较近。查尔斯敦离那里只有400英里远。其实,选择美洲也是有法律上的理由的。听说那里的殖民地既可以让海盗有安身立命的机会,对海盗的态度也较为宽容。1693年红海海域抢劫行动的主谋托马斯·图就是罗得岛人,所以,没过几年,美洲殖民地的这一名声就更响了。

事实果然如此,至少埃夫里团伙亲自进行了验证。到了卡罗来纳州的50名海盗,没有一个因超级宝藏号遇袭事件被判刑。有些人犯了些罪,而有的人则销声匿迹了。但不管怎样,到最后,没有一个人受到刑罚。有人说,不仅如此,埃夫里手下人还会大张旗鼓地吹嘘自己在印度洋时的英勇壮举。1697年年初,詹姆斯·胡布隆收到了宾夕法尼亚州一位爱造谣生事的殖民者寄来的信件，[1]此人听说埃夫里那些老练的水手在一家酒馆里"款待老主顾们的时候"，大谈特谈自己在幻想号上的功绩。现场气氛很放松，海盗们甚至都不用掩藏自己的身份。"推杯换盏中，他们当着众人的面一阵炫耀。"给胡布隆通风报信的人这样说。

他们在美洲殖民地还有一个好处：那里的奴隶贸易市场异常火爆。据推测，他们在几内亚或留尼汪岛获得的奴隶跟船员一同抵达卡罗来纳州，之后连同超级宝藏号载宝船上的散碎宝物一起被卖掉。据菲利普·米德尔顿所说，有些奴隶被卖给了拿骚的特罗特及其随从。如果其中的一些人留在了岛上，那么这些人就很有可能是后来巴哈马群岛上的早期土著，如今，这个国家80%以上的人口都是非洲人的后裔——奴隶贸易产生的大量散居人口中的一小部分。

跟尼古拉斯·特罗特提完条件之后又过了两个月，亨利·埃夫里就带着原班人马中的20名海盗离开了拿骚，其中包括亨利·亚当斯和约翰·丹恩。由于队伍中有世界头号通缉犯，他们不敢直接回英国。于是，埃夫里和其余人买了一艘单桅帆船，取名海上花号，紧接着就朝爱尔兰东北部驶去。途中，亨利·亚当斯娶了新娘，恐怕这是史上最不浪漫的蜜月旅行之一了。

6月下旬的某天，海上花号驶入了一个小港口——邓法纳希港口，最后在希普港湾西部边缘停了下来，离贝尔法斯特西北部大约100英里。据丹恩所说，一到那里，他们就遇到了一位"负责监督货物装卸与税收的海关人员"。最后，他们每个人给了他

3英镑的好处费,他才放他们往都柏林方向去了。丹恩跟随埃夫里——依旧用化名本杰明·布里奇曼,一起走了6英里。后来,船长跟大家说,他要离开队伍自己行动。丹恩回忆:"我听说他去了苏格兰的多纳吉迪(Donaghedy),还说要去埃克塞特,做一名普利茅斯人。"[2]

就在埃夫里及其船员在不列颠群岛分道扬镳时,伦敦东印度大厦里的海盗专案组特别委员会正准备加大追捕力度。海上花号刚在爱尔兰靠岸,上议院法官就发布了一份悬赏埃夫里的公告。公司花钱将这份公告复印了100份,并通过水路运送到印度的各家工厂。(若印度境内有人提供埃夫里行踪的可靠线索,公司另外嘉赏4 000卢比。)然而,到了7月下旬,艾萨克·胡布隆及委员会同僚才了解到,原来埃夫里早就在拿骚登陆,而且传言称他已经带着一小队人离开了那里,要么回英格兰,要么回爱尔兰了。公司秘书罗伯特·布莱克伯恩立即往不列颠群岛各地港口城镇的当局派送了一系列信函,要求他们时刻关注埃夫里及其手下的动向。布莱克伯恩提醒:"亨利·埃夫里船长如今化名为布里奇曼。这将是对祖国的巨大贡献,欢迎您伸出援助之手,将闯入您辖区的海盗抓捕归案。"[3]在塞缪尔·安斯利的战略部署下,正当东印度公司借着埃夫里抢劫案在印度洋上发展新的海上霸权时,公司驻英国国内的代理人们与执法部门之间建立了紧密的合作关系。虽然布莱克伯恩仅仅是公司的一名秘书,工作内容只是做董事会会议记录,再就是给海外公司代表拟写信件。但是在埃夫里在逃期间,他有了一项新的任务:针对这个世界头号通缉犯，拟写一份全面通缉公告。公司让各位代理人时刻准备着，若当地执法部门抓到了嫌疑人，公司就会随时调派代理人前去审讯嫌疑人并将其带回伦敦。虽然之前公司与政府之间的政治关系较为紧张，也有过一些摩擦，但由于埃夫里及其罪行所构成的威胁，二者结成联合战线，而且这种联合战线十分牢固，原本应该由国家出面解决的许多问题，此时交由东印度公司处理。

约翰·丹恩继续往都柏林方向走，之后去了威尔士的霍利黑德。在伦敦逗留了一段时间后，他就回到了北部的家乡罗切斯特，并在当地一家旅馆里订了一间客房。结果，这次归乡之旅成了一场噩梦。在这长达1万多英里的旅途中，丹恩将其所得赃款（参与这次史上规模最大的抢劫案之后的所得）都缝进了上衣的衬里。然而，刚到罗切斯特的第一天，一个好奇心特别强的女仆在给他收拾房间叠衣服的时候发现他的上衣特别沉。接着，她就将他的行踪报给了当地有关部门。后来，相关部门发现，他的上衣里"缝了"1 000多枚土耳其钱币。镇长没收了钱币，并以盗窃嫌疑人的罪名将丹恩关押了起来。

丹恩被捕只是个开始。那一整个夏天，埃夫里手下其他7名船员分别在利物浦、都柏林、纽卡斯尔以及埃夫里出生地以西等地区被捕。特别委员会给那些配合抓捕海盗的官员发放了近1 000英镑的赏金与"酬金"。[4]这些罪犯被押送回伦敦，然后尽可能找一个公众最聚集的地方，集体行刑，押送回伦敦的费用由特别委员会承担。[5]自从1695年底约翰·盖尔那封细数海盗罪行的信邮寄回伦敦，东印度公司以及英国政府方面的密切合作者，就恨不能立刻将超级宝藏号抢劫案中的海盗就地正法。当时，他们抓到了8个人。终于，英国可以在全世界尤其是奥朗则布面前表明自己在海盗抢劫案中的立场了。

第五部分
Part Five

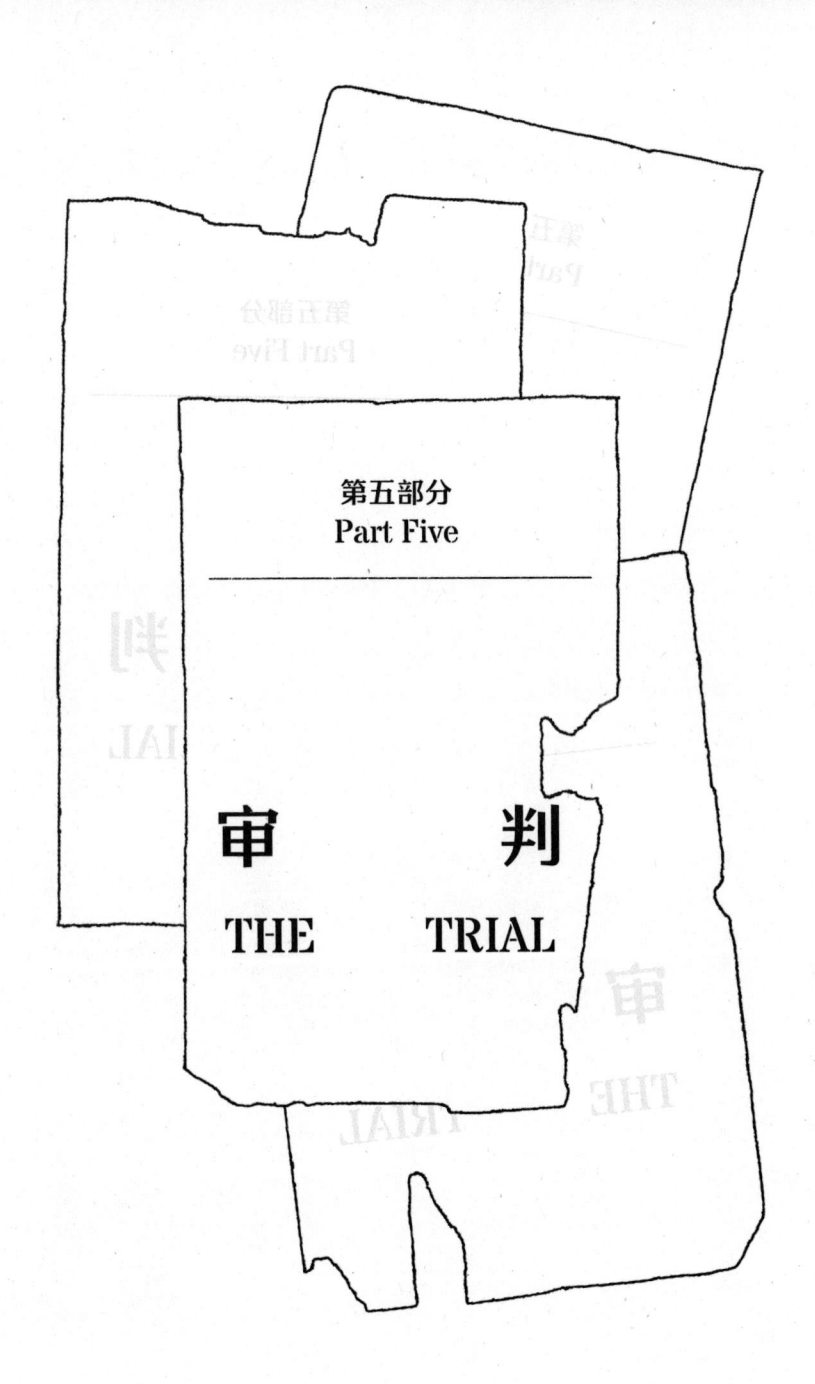

审 判
THE TRIAL

第二十八章
"海盗国家"

伦敦·1696年9月至10月

奥朗则布下令释放囚禁在苏拉特的东印度公司的人员以后，又过了几个月，公司就恢复了其在南亚的商业业务。接着，约翰·盖尔给伦敦寄了一封信，反映了超级宝藏号事件所带来的危机及其潜在的影响。他坚持认为，英国政府必须在国内外表明自己反对海盗的坚定立场。在德雷克时期——那时，海盗往往被当成英国海外利益的非官方代理人——哪怕是与公开的敌对国（或者部落，比如像那些被荷兰人驱逐出境的香料群岛岛民）英国都可以达成合作关系。但是，英国与印度缔结了真正意义上的贸易伙伴关系之后，就不再有德雷克时期那种宽容的环境了。盖尔坚持认为，英国也应像奥朗则布那样，在超级宝藏号事件后的协议中授予东印度公司维持红海航线上的治安的特权："若再不对印度境内的海盗采取镇压措施，再不授予公务人员特权去对海盗的罪行加以惩治，等公务人员回到本土，若再不作为坚强的后盾去解除他们的后顾之忧，那么不多时，他们就会被一些犯罪分子和那些因利益频繁受损而伺机报复的本土人残害。"信的结尾提到了他们的基本经济利益问题。他预言，若继续放任红海航线上的海盗不管，"那么，原本在印度领域内做得风生水起的贸易将全面遭遇重创"。

不过,打击海盗不光是安斯利的"盐水水域警备团"的职责,在抓捕了埃夫里手下8名水手之后,英国王室用最为激烈的措辞对这些人类公敌提出了公诉。一直以来,恃强凌弱的船长埃夫里的那些带有浪漫色彩的传说都是由那些街头卖唱者和小册子作者宣传给众人的。然而,与这些不十分正规的新兴大众媒体相比,政府方面有着它们无法比拟的优势:刑事审判权。

可以肯定的是,大众媒体大都是在刑事审判的基础上制造一些戏剧性的花边新闻以及耸人听闻的细节。(实际上,街头卖唱者传唱的很多"民谣"都是音乐版的凶杀案审讯记录。)只不过,那些传播小道消息的人和最初传播消息的人无法控制审判过程,他们只能起到消息传播的作用,为了激起消费者的欲望,有些消息可能会失真。在公开审判大会上,会有专门的媒体为政府做报道,开庭、休庭的陈述最为权威,历史学家道格拉斯·R.伯吉斯称之为"关于海盗的主导性史实陈述":

> 王室及其贸易委员会都面临着形象危机。英国之前被视为"海盗国家",现如今才(懊恼地)意识到,这种指控绝非毫无依据,至少在殖民地地区是这样。最重要的是将埃夫里一干人等绳之以法,要重建与莫卧儿王朝的关系,就必须通过审判的方式明确地表明政府方面的立场:海盗是全人类的公敌……不仅仅是英国的敌人,也是全世界的敌人。所以说,埃夫里海盗团伙是最高等级的国际罪犯。英国方面承诺,当下的第一要务便是铲除海盗。[1]

刑事审判中的"主导性史实陈述"让英国掌握了另一个撒手锏：死刑审判权。想象一下，埃夫里手下人的尸体就被吊在行刑码头上，这种触目惊心的场景将向全世界传达这样的信息：对超级宝藏号遇袭事件背后的国际犯罪分子，英国方面的态度是零容忍。

种种因素叠加，使得英国不只在法律方面，还在与法律同样重要且范围更广的舆论领域，也就是德国社会学家哈贝马斯口中知名的"公共领域"有着管辖权，在18世纪的启蒙文化中，逐渐兴起的咖啡馆辩论文化、小册子文化以及街头演说文化将发挥决定性作用。不过，这些手段——刑事审判的公开，背后有国家支持的大规模行刑现场——都是近来英国政府在处理海盗案件时将司法管辖权进行了些许改革之后才逐渐形成的，因为海盗们通常都是在英国法律适用地理范围之外作案的，而且有史以来都是被当成民事案件交由海军部审理。审讯过程是不对外公开的，而且被告有权雇用法律顾问。尤为重要的是，海军部没有判处罪犯死刑的权力。不过，另一方面，到17世纪末，英国普通法下的刑事审判使整个权力的天平向国家倾斜：不仅有判处罪犯死刑的权力，还可以禁止被告私自雇用律师。经验丰富的专家们为原告提起诉讼，辩护事宜也就只能指望被告本人有些法律素养了。此外，公众可以去刑事审判现场，于是，那些跌宕起伏、带有戏剧色彩的片段就被那些街头卖唱者和小册子作者改编成了戏剧叙事。

17世纪，处理海盗案件的民法先例在某种程度上对政府能力起到一定的限制，致使其无法顺利起诉海盗。这一事态越发明了，于是进行了一系列的法律改革，定义了一系列特殊的与海盗相关的犯罪行为。这种犯罪行为有着特殊的双重性质：严格来讲，这属于民事犯罪，是海军部的管辖范畴，不过，审讯过程在普通法法庭进行，之所以如此，是因为它的性质极为特殊，而且对英国国家的稳定以及与他国的贸易关系构成了威胁。若早在一个世纪以前埃夫里团伙犯下这些罪行，那么审判过程中，有关海盗行为的主导性史实陈述是会留情的，犯罪分子也不用过于担心判决结果。但与此同时，普通法的介入使得海盗们拥有了一种潜在的优势：普通法法庭的审判过程是由陪审团掌控的。海盗们有罪与否，不是由海军部那些想方设法打击海盗的老政治家说了算的，而是由普通民众组成的陪审团决定，这些人对海盗的态度受街头卖唱者和小册子作者的影响多一些，受人类公敌这种法律传统思想的影响少一些。

接下来要讲的就是证人问题。当然，在超级宝藏号遇袭案件中，不会有真正的受害者出庭做证。而且，1696年左右由普通英国公民组成的陪审团也不太可能认为某位穆斯林商人遭海盗抢劫的陈述特别令人同情。（至于超级宝藏号上发生的性暴力事件，其实在17世纪的英国，强奸案本就是罕见的事，而被侵害人碰巧是外国人这种事几乎也是闻所未闻的。）若起诉方想找一个令人信服的证据来处决埃夫里团伙，就得从海盗团伙内部寻找目击证人。也就是说，至少要成功策反一名被押犯人。

不过，英国政府方面很幸运，第一个被抓获的人就被成功策反了，此人便是约翰·丹恩。至于相关部门到底用了什么手段让这名来自罗切斯特的海盗提供了证词，我们并不清楚，不过，在他上衣里发现那些土耳其钱币之后没过几天，丹恩就一五一十地交代了埃夫里团伙的作案过程。8月3日，丹恩提供了一份宣誓证词，将过去两年所发生的事情做了详细的阐述：从最初在西班牙的叛变，到印度洋袭击事件，再到前往尼古拉斯·特罗特提供的安全港避难，直到与埃夫里共同抵达爱尔兰。就在第二天，爱尔兰上议院法官从菲利普·米德尔顿那里听到了一份类似的证词。（后来，从东印度大厦的委员会会议记录中得知，公司方面为了鼓动米德尔顿背叛同伙，给了他母亲几笔补偿款。[2]）多亏之前进行了十几年的法律改革，英国政府才拥有了这样一个法律平台，进而向全世界表明，按照英国的价值观标准，是绝不能容忍海盗这种行为的。如今，有了丹恩和米德尔顿的证词，他们就相当于拥有了另一项东西：证据。

如今，关键证人已经就位，那么，对英国政府来讲，还剩最后一个待解决的问题：应该以哪项罪名起诉这些囚犯。他们的行为涉及多项罪名，比如，背叛英国船长，劫持伦敦显赫人物的舰艇。此外，他们在穆罕默德信仰号和超级宝藏号上大肆抢掠，折磨船上的男人，对女人实施强奸；1694年夏，他们还抢劫了英国人和丹麦人；炸毁了迈德的一座清真寺。

英国政府花了几个月的时间考虑该如何处理。最后，还是消除"海盗国家"的呼声胜出。首席公诉人亨利·牛顿在与上议院法官和海军部协商之后决定，要围绕触犯莫卧儿皇帝这一主题给海盗定罪。这是一种花架子式的公审，是做给外界看的，这使得英国政府及其在东印度公司的合作伙伴,有机会向全世界表明,英国政府是不会对海盗手下留情的。

  1696年11月被处决的那6人犯了诸多罪行,但起诉书上只提到一种:"强行劫持一艘名为超级宝藏号的船,船只所有者身份不明。"

第二十九章
无效审判

伦敦老贝利[①]·1696年10月19日

  靠近伦敦金融城最初的边界,老贝利路北段的地方,早在一千年前就与司法系统有着千丝万缕的联系。罗马人共建了7座通往这座城市的大门,其中的一座门就在那里,12世纪又把城墙延长了一段,改造为一座关押债务人和重刑犯的小监狱。渐渐地,那里成了人们口中的新门监狱。几世纪之后,那里建了一座中世纪风格的法院,方便将被告与被定罪的犯人在庭审现场和监狱之间转押。法院便以这段城墙命名:老贝利("bailey"一般指城堡或堡垒的外墙)。1666年,原来的法院被烧毁。7年后,又重建了一座三层高、意大利风格的法院。从1675年的一张蚀刻版画上我们可以看出其最为独特的建筑结构:一楼法庭的门朝东开,门外正对着法庭庭院。法庭的门一直是开着的,这是一项卫生措施,因为在新门监狱里,斑疹伤寒极为常见,也就是我们通常所说的"恶性伤寒",当时的人们认为,保持法庭室内的空气流通可以预防律师和法官患上这种疾病。不过,说到公共卫生干预措施,这种开放式结构设计并没有什么效果。(斑疹伤寒这种

---

① 伦敦中央刑事法院。——译者注

疾病是靠跳蚤和蜱虫的叮咬传播的。)但是，法院的这种建筑结构还是能起到一定积极作用的，它拉近了法制系统与公众之间的距离：审判现场对外开放，围观人员就聚集在大街上，亲自到那万众瞩目的审判现场去感受气氛，时而咯咯发笑，时而讥讽几句。有不少陪审团成员被法庭庭院里的那些观众吵得晕头转向。

10月19日上午，人们一大早就等在老贝利庭审现场门外，盼着能看一眼那臭名昭著的埃夫里团伙，最好能听到他们的一些证词。证人约翰·丹恩和菲利普·米德尔顿，跟一群围观的人和法院的工作人员站在法院前面的公共区域，等待着被传唤到审判区。丹恩、米德尔顿与他们之前的6名同船水手之间由一道砖墙（上面有铁钉）隔开，那6名水手待在审判区。他们中的绝大多数都是一直待在监狱里的，等这场审判已经等了一个多月。

罪犯们站在审判区听执行官宣读那些现场监督此案的法官的名字与头衔。水手们的受教育程度不高，对他们来讲，这些名字没有什么特别的意义。不过，但凡对当时英国司法系统有些许了解的人都会发现，此次审判阵容实在太强大了。负责主审此案的是海军部高等法院法官查尔斯·赫奇斯爵士，还有国王法庭首席法官约翰·霍尔特爵士，国王法庭是司法系统的一个分支，专门办理与国王本人有关的法律事宜。民事诉讼法院与财政法院的首席法官——负责审理涉及个人财产的民事案件，比如盗窃——也在庭审现场。此外，英国司法系统各主要分支中最具影响力、最有威望的法官们也都来到老贝利监督海盗案的庭审过程。艾萨克·胡布隆和詹姆斯·胡布隆的兄弟约翰，即伦敦前市长兼英格兰银行首任行长也在庭审现场，陪同的还有其他几位显要人物。

异常强大的司法阵容可不是为了保证埃夫里这件案子能得到公正的裁决，而是想一举将其定罪。主持庭审的那些上议院法官刚好是7月草拟原始公告、揭发"普通海盗"埃夫里"严重损害英国商人利益"的人。这些法官都曾与艾萨克·胡布隆共事，并且是东印度公司特别委员会的成员，他们把通缉埃夫里的消息传播到英国贸易网络所及之处，他们对公司提供500英镑赏金捉拿埃夫里的举动很满意。（早在1696年，赫奇斯法官就驳回了西班牙远洋舰队欺诈船员的诉讼，裁决结果明显偏向此次投资注定失败的詹姆斯·胡布隆及其他投资人。）严格来讲，此次庭审应由亨利·牛顿向海盗发起诉讼，赫奇斯与霍尔特法官将积极参与审讯埃夫里团伙的过程，各自有明确的职责。我们可以结合现代场景做一番解说，比如，O. J. 辛普森一案由美国最高法院审理，席间，法官们梳理此案，并对辛普森本人展开审讯。10月的这个早上，埃夫里团伙在老贝利所感受到的就是这种法律氛围。

按照流程，赫奇斯法官首先向大陪审团提交了初审说明，由大陪审团批准并下发"正式起诉书"（或拒绝）。6人站在审判区，听着这份针对7名犯罪分子的起诉书：中年管事威廉·梅、19岁的约翰·斯帕克斯、爱德华·福赛思、威廉·毕晓普、约瑟夫·道森、詹姆斯·刘易斯，还有一个是亨利·埃夫里。（后续的庭审文件中只是简单附了"在逃"，用以解释埃夫里当时为何缺席老贝利审判现场。）赫奇斯法官向大陪审团简要说明了实情，说当下适用于海盗行为的法律管辖权极为复杂，让大陪审团评估此起诉

第二十九章 无效审判

案的合理性。从庭审记录得知,"不多时",大陪审团就带着一份起诉书回来了。紧接着,赫奇斯下令让法警把6名被告引到审判区,针对他们那灭绝人性的犯罪行为进行审判。

法院内部的结构设计是有着明确意图的,即在这个有限的空间里引导和整合权力的流动。室内的装饰彰显着国家的权威,用纹章与徽章来体现王室的威严。一些航海符号,包括长椅下面的地毯上的三只锚,代表海军部。这栋建筑是几十年前重建的,所以,老贝利审判区几乎可以说是被告踏足过的装修得最好的关押点。他们往审判区一站,一下子就能凸显外来人的身份。诉讼台后面的法官座席高出罪犯们一大截。上方还挂着一面镜子,从法庭庭院照进来的光线通过这面镜子直射入罪犯的眼睛里。这种设计的初衷就是要让陪审团看清被告的面部表情,以便更好地判断他们到底是真诚的还是虚伪的。(发声板也能放大他们的声音。)那天,伦敦的天气出奇好,所以,上述结构的设计效果也能很好地体现。不过,即便是在天气不好的时候,效果也不差:被告在台上,被众人监督,接受一双双法眼的检视。

罪犯们站在审判区,听赫奇斯法官宣读对他们的起诉。其中的5人坚称自己是无辜的,只有约瑟夫·道森认罪。

小陪审团宣誓落座后,戴着假发、穿着褶皱白领衫的首席公诉人亨利·牛顿站起身来致开场白。牛顿的开场白与起诉书的内容相差不大,首先提到的是被告针对奥朗则布方面所犯的罪行:"罪犯们以海盗罪的罪名被指控,他们抢劫了属于莫卧儿帝国的超级宝藏号,并掠夺了船上的物品,在印度洋海域,这是一艘价值不菲的船。"[1] 紧接着，他复述了海盗亨利·埃夫里的一系列罪行，包括在西班牙叛变，在大西洋与印度洋上所犯下的"诸多严重的罪行"，以及袭击超级宝藏号。

牛顿大致概括了案件事实，接着便提到了关键的论点：英国不会容忍海盗胡作非为。在这里，他大体上借用了过去一年里约翰·盖尔在孟买城堡提出的观点：英国如果想在对印贸易中获利，想与世界上任何其他国家建立稳定的商贸关系，就必须用最有力的方式去打击海盗。牛顿解释，超级宝藏号遇袭事件"极有可能产生最为不利的影响，就目前莫卧儿帝国强大的实力以及印度人本能的复仇倾向来看，尤其会对贸易方面产生不利影响"。不过，陪审团眼下还有一次消除"不利影响"的机会，那就是"判定他们有罪，让他们罪有应得"。牛顿坚持认为，从本质上讲，他们的罪行远比传统意义上的抢劫罪严重得多，因为这不仅威胁到了个人的财产安全，更对处于发展中的全球贸易网造成了致命的打击：

海盗罪……远比陆地上的盗窃或抢劫罪严重得多，原因是，国家与民族的利益与关切远在私人家庭或某一特定群体的利益与关切之上。由于海盗的滋扰，世界贸易必然止步不前，而英国本应占有相当大的贸易份额，并充分利用这种优势。如果这些人没有得到应有的惩罚，那么一旦有人弄清了他们的所属国家，恐怕很有可能引发国家之间的战争，毁了大英帝国的清誉，还有可能失去对印的贸易收入，最终导致国家陷入贫困。[2]

第二十九章　无效审判

牛顿的开场白的结尾应该是直接引用了当初盖尔在写给东印度公司伦敦总部董事的求救信中的一些说法。牛顿坚定表示，如果陪审团不履行其宣誓的职责，将埃夫里团伙绳之以法，后果不仅仅是让犯罪团伙逍遥法外，还会导致"整个国家的衰落"。

审判的利害关系由此确立，两名关键目击证人被召上法庭。约翰·丹恩和菲利普·米德尔顿被带到证人席，正对面的审判区站着被告。就在几个月前，这8个人成功抢劫了船只以后，还一同在一座热带岛屿上推杯换盏；此刻，他们却面对面地站在老贝利法庭里，成了彼此的敌人。无论过去的两年里他们有多么团结，现如今面临被绞死的威胁，之前的情谊就都烟消云散了。此刻，他们成了不共戴天的仇敌。

至于接下来的几个小时里到底发生了什么，我们不得而知。我们只知道，丹恩和米德尔顿讲了一个海盗团伙在公海海域实施抢劫的事实，并指控以前的犯罪同伙犯下了泯灭人性的罪行。我们还知道牛顿对被告进行了一番审讯，我们可以想象一下现场的情景：站在审判区的那6个人，没有法律顾问为他们辩护，他们完全仰仗自己有限的法律常识试图为自己辩护。不过，接下来的事情就得靠猜测了，因为没有公开的庭审记录。实际上，国家一向都是严禁公开这种庭审记录的。而亨利·埃夫里海盗生涯中的这部分没能被记录下来——海盗案庭审过程的记录中缺少了这部分内容——并不仅仅是不可靠的档案导致的。其实除了牛顿的开场白，再也没有其他记录了，因本在庭审即将结束的时候，陪审团做出了裁决，彻底破坏了原本声讨海盗的主旋律，反

海盗经济

而印证了奥朗则布对英国的猜忌。威廉·梅、约翰·斯帕克斯、爱德华·福赛思、威廉·毕晓普、约瑟夫·道森、詹姆斯·刘易斯——他们所有人，都被判无罪。

原本以人类公敌、侵犯莫卧儿帝国财产并导致英国与之关系恶化的罪名而被告上法庭的这 6 人，最终却被贵族出身的陪审团判定无罪。就连亨利·埃夫里——虽然"在逃"，却以同样罪名被告上法庭——都被判了无罪。

第三十章

何为有效审判？

伦敦老贝利·1696年10月31日

英国打击埃夫里团伙的意图为何失败了？有可能是法律章程出了问题，或者是被告虽然受教育程度有限，但出其不意地为自己的罪行做了一番激动人心的辩护，尽管后续的一系列因素不太可能让这种情况发生。说到这种令人震惊的判决结果（无罪），最为合理的解释就是，作为起诉方的海军部和上议院法官低估了亨利·埃夫里那传奇般的故事在英国本土的知名度与影响力。几乎可以肯定的是，英国政府方面所持的论点是令人信服的，站在审判区的几名海盗的确抢了莫卧儿帝国的财物。然而，陪审团的人可是听惯了勇士船长埃夫里及其他盗匪的英雄故事，对 5 000 英里以外的外国皇帝及其下属没有丝毫兴趣，在他们眼中，海盗的这些行为几乎是不构成犯罪的，更不用说判他们死刑了。

但无论是何种情况，对英国政府来讲，这种判决结果都是一种毁灭性的打击。埃夫里及其手下袭击超级宝藏号之后，竟可以平平安安地躲过一年，这件事暂且放到一边。已经抓到了 6 名海盗，再加上两名证人出庭做证，他们居然还能逍遥法外？这种无罪的判决结果证实了外界对英国的指控——在谈到人类公敌这一话题时，英国政府虽然放了狠话，但其要么是在变相地支持海盗，要么就是打击海盗的力度还不够。海军部早就计划要利用这件案子狠狠地打击埃夫里团伙,来一场公开的审判秀,进而向全世界宣告,英国政府对海盗采取零容忍的立场。他们甚至雇了一位名叫约翰·埃弗林厄姆的出版商,由他来公开出版庭审记录,让整个大英帝国无法亲自前法庭庭院现场听审,却又关注此案的人了解现场的情况。当然,埃弗林厄姆后来没能发表这次庭审的记录。伦敦一家期刊由于没能出版完整的报道而向公众致歉。"关于此次海盗案庭审,我们早就准备好了一份较为详细的报告,"编辑们表示,"可是后来,相关部门禁止发布,于是便做了删减。"

当时,在老贝利法庭的 5 名海盗面对着无比强大的司法机构,结果却被判无罪,对他们来讲,这简直就是一场奇迹。然而听完判决结果之后,他们却被法警带回了新门监狱,没有当庭获释,想必也是一头雾水。就这样,这几名"无罪的"囚犯被硬生生地关了两天,望眼欲穿地等着被释放。就在那 48 小时里,赫奇斯与霍尔特法官、首席公诉人牛顿以及海军部的其他成员之间开展了一场激烈的对话。若再次开庭,必将面临双重威胁。没错,执法部门最终会将团伙中的其他成员或者埃夫里本人捉拿归案,但即便如此,一审结果也一定会传到奥朗则布耳中,那么盖尔费尽心思与莫卧儿皇帝搭建的本就脆弱的新型联盟关系就会受到威胁。若真想明确地表达立场——让全世界都知道,英国不会再对海盗的抢劫行为坐视不管——就必须对新门监狱那几位等待获释的囚犯下手。

后来,这一窘境得到了破解,历史学家道格拉斯·伯吉斯将此称为"巧妙的法律手段"[1]：如果说英国陪审团不太会去同情像莫卧儿帝国那样一个遥远的受害国度，那么为何不去找一个更受陪审团关注的受害者呢？海盗们的确抢了奥朗则布的财物，但同样盗取了詹姆斯·胡布隆及西班牙远洋舰队其他投资人的财物。那么，暂且放下他们抢劫超级宝藏号的事，将关注点引到窃取查理二世号巨轮上会有怎样的效果呢？那几个人的海盗罪罪名虽说没有成立，但英国政府方面可以以叛国罪的罪名起诉他们。

10月31日，星期六，这6名罪犯又被带回老贝利法庭的审判区，听法庭宣读了另一份针对他们几人的起诉书。当新的陪审团成员被召进法庭时，霍尔特法官毫不掩饰地表达了自己对原审判结果的不满。他在法官席上高声说道："如果你们之中有前陪审团成员，那么我想说的是，你们的行为极为不妥，因为原审判结果违背了国家的意愿。"

赫奇斯法官在向大陪审团正式致开场白时，语气较为微妙，他巧妙地将查理二世号上发生的叛国行为与海盗的一般罪行联系在一起。他解释："如今，海盗罪只是海上抢劫行为的代名词，属于海军部监管范畴。凡辖区内有人遭遇袭击，船只与物品被人通过非法暴力行为掠走，那么这就属于抢劫，罪犯犯的是海盗罪。"无论是在西班牙港口偷了一艘船，还是在印度洋抢了什么财物，这些罪行都属于海盗罪。起诉书中所罗列的几项罪状将海盗罪与叛国罪混淆：被告"在公海海域——具体位置是距阿科鲁尼亚约3海里远，属于英国海军部辖区——向船长查尔斯·吉布森展开了疯狂的袭击……而这位船长所指挥的是一艘名为查理二世号的商船"。

几名罪犯一脸困惑地听着起诉书。不是已经被判无罪了吗?为什么又被带回了老贝利,再次站在法官与陪审团的面前?

法官一一问他们有什么要申诉的,从埃夫里的舵手开始,这位舵手一审时承认自己有罪。

"你有什么要申诉的吗,约瑟夫·道森?你到底犯没犯海盗罪、抢劫罪?"

道森弄不清楚状况,回答道:"我不知道自己被起诉的罪名是什么。"

"他说自己是无罪的。"长官汇报道。这时,一位工作人员提醒道森,他只有两个选择。

"有罪。"道森推翻了刚才的说法,回答道。

爱德华·福赛思和威廉·梅申诉自己无罪。不过,当那名法官问起年轻的威廉·毕晓普时,大家彻底蒙了。

"你怎么说,威廉·毕晓普?你到底是有罪还是无罪?"

"我想再听一遍起诉书。"

"你刚刚已经听过了,"其中一名法官回答道,"如果你强烈要求,可以再听一遍。"

"我指的是原来的起诉书。"毕晓普纠正道。

"不行,不可以提这样的要求,"法官厉声回应道,"这一次的起诉书跟原来的不同。"

最后,5人按照他们在第一次审判中的方式进行了辩护。陪审团已经了解到,一审的判决结果是抢劫奥朗则布财物的海盗罪罪名不成立。而此刻，他们需要做出的裁决是，这些人抢劫詹姆斯·胡布隆财物的海盗罪罪名是否成立。

海军部总检察官托马斯·利特尔顿站起身来，用谴责被告的口吻对陪审团做了一番强调。他高声说道："他们所犯下的罪行已经达到了无法无天、残暴的程度。"再者，他们的罪行败坏了英国在世人面前的声誉。紧接着，他带着些许夸张的口吻说道："恐怕整个世界都领教了他们的野蛮与残暴。"

查理二世号的二副约瑟夫·格雷维特是第一个被传到证人席的。格雷维特详细讲述了当时叛变的场景，说埃夫里手下抓了他，还把他锁在船舱里，由武装人员看守。格雷维特还说，当他最后决定乘坐救生艇离开查理二世号时，埃夫里还"友好地"给了他一件马甲和一件外套。接下来他所陈述的内容将成为重要的证据。格雷维特说，当他登上救生艇时，"威廉·梅抓住我的手，希望我能顺利回去，一定记得给他妻子带话儿"。

"所有人都可以自愿选择返回岸上吗？"其中一名公诉人问道。

格雷维特点点头："吉布森船长是这样告诉我的，当时有17人选择了离开。"

"那艘救生艇能容下更多人吗？"

"是的。"

接下来提供证词的是詹姆斯号的大副托马斯·德鲁伊特。他说，他当时隐隐察觉到了叛变的迹象——"喝醉了的水手长"，还说他没能阻止那些叛变的人,他们没回到詹姆斯号上来。

"我命令他们回来,"德鲁伊特告诉陪审团,"可他们就是不听。"

听完德鲁伊特的证词之后,被传上法庭证人席的是查理二世号的另一名二副戴维·克雷,当时他没有同意跟埃夫里一起叛变逃走。本来克雷风风光光地加入了西班牙远洋舰队,结果却被卷入"海盗"叛国事件中,还因为另一个起诉案被关进了新门监狱。克雷重述了当时在查理二世号上舵柄处与埃夫里的对话,当时,那位船长问克雷要不要"跟他走"。结果,他的说法推翻了威廉·梅之前的辩词(梅称自己是无辜的)。他是这样说的:"在回船舱的途中,我遇到了威廉·梅,也就是站在审判区的那个罪犯。他问:'你来这里干什么?'我没有回答他,继续往船舱走。他又说:'找死的家伙,就应该一枪打穿你的脑壳。'接着,他就拿枪抵着我的头。"

克雷继续讲述了埃夫里与吉布森船长之间的对话,还说埃夫里命令吉布森及其手下乘救生艇回到岸上去。"我听到他们下令把那些人关起来,不过,如果有谁想回去,他们也不会阻拦。"

紧接着,庭审现场再次关注那个关键问题:救生艇上的空座数量。法官问道:"救生艇上是否还留有空位?"

"有。"克雷回答道。

"所有人都可以自愿离开吗?"

"是的,法官大人。"

听完克雷的证词以后,庭审现场又将注意力转移到那两名重要的证人,也就是约翰·丹恩和菲利普·米德尔顿身上,这两人是自愿还是被迫留在幻想号上的。而且据我们之前所述,这二人能够全面陈述埃夫里团伙灭绝人性的犯罪过程,虽然此次庭审所涉及的罪行仅限于在阿科鲁尼亚的叛国事件。依照庭审记录,丹恩的陈述内容长达几页,详细描述了幻想号在马达加斯加岛逗留以及在红海入海口遇险的过程。丹恩讲述了与两艘印度载宝船交火的经过,他讲完之后,霍尔特法官从座位上站起身来,问到了抢劫过后赃物的分配问题。

"收获了很多赃物吧,应该是整个途中抢得最多的一次吧?"霍尔特问道。

"是的,法官大人。"丹恩承认。

"所有人都分到赃物了吗?"

"是的,船上所有人都分到了一份儿。"

紧接着,霍尔特又问了丹恩,确认站在审判区的每名罪犯都拿到了自己的那份赃物。凡是超级宝藏号抢劫案中牵涉的被告,法庭都允许他们问同船水手问题。威廉·梅赶紧抓住机会为自己辩护:还没等幻想号抵达红海开展最后一次袭击,他就病倒了,被丢在科摩罗群岛上,后来才与他们会合——所以说,他错过了袭击超级宝藏号的全过程。

"法官大人,我能替自己说句话吗?"梅问霍尔特。

"如果你想问他问题,就请便吧。在稍后的庭审中,你还会有为自己辩护的机会。"霍尔特解释道。

"法官大人，我想请您问他一个问题，他是否以为我早就知道那艘船要离开。"

丹恩否认："我并不知晓。"

结果，这种发问方式遭到了霍尔特法官的严厉谴责。"你当时在现场，而且分到了赃物，"他用严肃的口吻反问梅，"还为此次行动的顺利开展庆祝了一番。"

被霍尔特突然这么一问，梅没了说辞，只好说了句："我希望，法官大人，问问题时您不要发火。"

"没有，没有人发火，"霍尔特回应道，"大家可以随意提问了。"

接下来轮到菲利普·米德尔顿了。他一刻不停地说了将近10分钟，相当于复述了丹恩的证词。米德尔顿交代了与尼古拉斯·特罗特在巴哈马群岛上谈判的过程，还说这位地方长官收受了贿赂。做完陈述之后，公诉人要求米德尔顿确认，庭上的这5名被告曾随同埃夫里一起抵达拿骚，而且后来接受了特罗特的热情款待。首席公诉人牛顿问完问题后将庭审现场交给霍尔特法官，霍尔特让证人回忆超级宝藏号案件赃物的分配情况。米德尔顿说，他分到了价值100多英镑的赃物，后来却被约翰·斯帕克斯偷了去。他之所以会提到这些，或许是想为自己背叛同船水手的行为做些辩解。

从丹恩和米德尔顿的证词可以很明显地看出，英国政府方面是想借第二次庭审的机会对这种跨国性的海盗罪行加以谴责，但实际上，本案所涉及的被抢船的所有者是英国公民。严格上讲，袭击超级宝藏号的行为以及与特罗特之间的非法谈判其实与叛国罪名毫无关联，然而，牛顿及其同僚却花了数小时的庭审时间在众人面前揭露这几个人在印度洋海域"野蛮、残暴"的罪行以及巴哈马群岛殖民地掌权者的腐败。若这几名被告有申请法律顾问的权利，想必，他们的律师会针对这种与案件无关的指控进行辩驳，毕竟，针对这一罪名，他们已经被判无罪。然而，普通法法庭严重偏向国家的权威，站在审判区的这5人又没有专业的法律知识，霍尔特和牛顿这才趁机将一应罪名从一审拖到了二审。

等米德尔顿说完证词，霍尔特正式告知几名被告："国王法庭律师团队已取证完毕。现在，有想为自己辩护的，可以开始了。"

紧接着，法庭允许每名罪犯为自己申辩，也可以将之前做证的证人召回法庭。随后，针对同一个问题，他们改变了说辞。总之，他们想表达的意思就是，他们是被迫犯罪的。爱德华·福赛思向法庭提出申请，让托马斯·德鲁伊特回到证人席对质，他向这位詹姆斯号的前大副发问，叛变事件发生的当晚，这位大副是不是命令他上中型艇，前去查理二世号与那些叛贼对抗。

"是的，我命令你去了，"德鲁伊特说道，"我也命令你回来，可是你没有听。"

"你没有命令我回来。"福赛思回应道。

"不，我命令过你，还朝你开了一枪，结果打在了船上。"

福赛思解释，当时其他叛变者同他一起上了中型艇，他没有别的选择。"形势所迫，我只能那样做。"

"你不但没有解救那艘船，"霍尔特打断他说，"还一同叛逃。他命令你回来，你却没有听命。"

"我自己是没办法把船救回来的，我自己也回不去，除非跳船。"

霍尔特问福赛思是否还要为自己辩护。福赛思最后说了几句，跟其他几名被告说的差不多：他是被迫卷进叛变事件中的，一直没有机会回到詹姆斯号上。

福赛思首先说道："法官大人，上船时我并不知道都有谁在船上，也不知道有多少人。我一上查理二世号，帆就升起来了，当时我的处境很糟糕。他们砍断绳子，船很快就开走了。我控制不了她，她不到一分钟就消失得无影无踪了。我不知道她要去哪儿，也不知道船上都有什么人，一直到第二天2点才听说了消息。法官大人，我们这些在海上漂泊的可怜人不懂法律，希望您能考虑到这一点。"

霍尔特对福赛思这种装无辜的行为很恼火。他厉声说道："可是，你们这些在海上漂泊的人心里清楚得很，从事海盗活动是违法的，是会被处以绞刑的。"

年轻的威廉·毕晓普、詹姆斯·刘易斯和约翰·斯帕克斯的说辞也都差不多：本想听从托马斯·德鲁伊特的命令去夺回中型艇，结果很快发现，自己被艇上的叛变者控制住了，原来，那些人要去查理二世号上跟叛变头目亨利·埃夫里会合。

毕晓普在阐述辩词的过程中故意强调了原证词中最具说服力

的部分：埃夫里允许一些船员，包括吉布森和克雷，按自己的意愿离开查理二世号，而且那艘救生艇可以容纳更多人。

毕晓普解释：“我登上查理二世号时，他们正拿着枪和弯刀威胁那些无辜的人做事，他们命令我去货舱干活……后来我听说，他们谁都不可以回到岸上去，除了那些深受埃夫里及其手下喜欢的人。我当时不知道这些，所以就没回去，不过即便知道，恐怕他们也不会放我走。"

5名罪犯中，那位中年管事威廉·梅的辩词最为激昂。他从一开始就表示，自己完全不知道那其实是一场叛变阴谋。"我相信没有几个人知道，知情的人不超过10个。"

针对这一理由，霍尔特立即驳回："但是，他们没有人说你不知情。反倒有人说，你当时还说了'找死的家伙，就应该一枪打穿你的脑壳'，随后便举枪抵着那个人的头。"

"我一直待在甲板下面没出去过，"梅辩驳，"当时，我往舱门走，掌舵的是埃夫里船长。"

"埃夫里不是船长，"霍尔特插话，"他没有指挥权。他是吉布森船长的手下，是他从吉布森手上把船抢走的。"

"法官大人，我当时不知道船已经开走了。"梅申辩。

"你本应该坚定地追随吉布森船长，拼尽全力去镇压埃夫里的疯狂举动。吉布森船长才是指挥官，你应该听从他的指挥，若有人胆敢违抗他的命令，或强迫他做什么，你应该挺身而出支持他。"

"我当时也震惊了。"梅无力地回答道。

紧接着,梅又把话题扯到救生艇的空位数量上来,还提到了他与格雷维特分别时所说的那句模棱两可的话。庭审记录所透露的信息是这样的:他想尽可能地利用庭审流程中的合法环节来为自己辩护,虽然他的法律知识是有限的,但他一直都在试图用政府方面所掌握的证据来反驳起诉方。

"等我再出来的时候,他们就已经往外赶那些人了,"梅说,"这位二副格雷维特先生……我告诉他,记得替我向我妻子带好儿,因为我这辈子不太可能再见到她了,谁也走不了,除非他们愿意放行。那些人上救生艇之后,就开始嚷着要一只水桶,否则救生艇就会沉下去,而当时他们离岸边还有9英里。真是无法想象,如果更多人上了救生艇,要怎样才能划那么远。按照王室方面所掌握的证据,他们很有可能连救生艇带人一同沉到水里。"

紧接着,赫奇斯法官打断了他的话。"你是想表达自己当时正处于一种被约束、惊恐的状态当中,"他在台上说道,"那么,当你自由了之后,或者说等你一踏上英国领土,有没有立刻去投诉或揭发他们的行为?"

梅回答,在回英国之前,他曾经向罗得岛上的一名地方法官"揭发"此事,就连自己被逮捕时都一直想着,等回到伦敦,一定要去认罪。随后,他讲了一个特别长的故事,说的是他在前往红海途中生病的事。他不断强调自己在陆地上发烧生病了,等身体恢复之后发现自己错过了航行中一些重要的插曲。梅还声称,埃夫里多次想把他带上幻想号,但是他病了,埃夫里一直没能如愿。

"等埃夫里船长再次发问,"梅为自己辩护,"我就已经没有办法离开了,也不能不老实。"

"别叫他船长!"霍尔特吼道,"他是一名海盗。"

几名罪犯苦苦挣扎,为自己做了一番辩护。之后,首席司法部长站起身来为起诉方做了申辩总结。一开始,他强调了亨利·牛顿在庭审之初所表达的论点,即此次判决在全球范围内的影响:"(被告)不可能在世界其他任何地方找到容身之处,我希望你们也能明确一点,那就是这片国土也绝容不下这种罪行……这是与人类法则相悖的罪行,而且比陆地上的抢劫罪更为严重。"针对被告被叛变者制服并被迫跟船这种说法,他强调:"目前,他们只有一种申辩理由:一切都是被逼的。但事实早已摆在大家面前,他们并没有受到逼迫。据说,只要他们愿意,都可以选择离开。"

接着,霍尔特又审阅了政府方面提供的证据,随即下令让陪审团回到所属区域做裁决。几小时后,他们带着一个问题回来了:是否有证据能证明约翰·斯帕克斯本人自愿跟船一起叛逃。

结果被霍尔特一脸严肃地反驳:"他参与了劫船行动,也参与了抢劫行动,还从中分得了赃物。什么是自愿?难道还有比实际行动更能表明一个人心意的吗?"

他们的行为是否出于自愿这一简单问题——威廉·梅与其他人到底是自愿叛逃,还是被迫做出这样的选择——具有真正的重大影响。这不仅仅是关乎海盗们生死的问题。此次庭审的目的是向全世界，尤其是向奥朗则布表明，英国是下决心严惩海盗的，如果陪审团的裁决结果是梅与其他人被迫叛逃的情况属实，那么此次庭审就失去了意义。若老贝利的这群上议院法官在连续庭审过后还没能给这群海盗定罪，那么无论安斯利与盖尔怎样努力地去安抚莫卧儿方面的那位世界征服者，都将前功尽弃。赫奇斯、霍尔特及其东印度公司特别委员会的同僚已经竭尽所能地营造了理想的公开庭审环境，目的就是向公众表明政府方面反对海盗的立场。针对海盗们的叛国罪名，第二批陪审团成员会维持原判决结果吗？

陪审团成员回到指定区域商量了"片刻"。再次出现时，只见他们一同站在陪审团区。书记员询问他们是否给出了一致的裁决，他们给出了肯定的答案。

"爱德华·福赛思，请举起手！"书记员指示，随后转过身面对陪审团，"请看着这名罪犯。爱德华·福赛思的海盗罪罪名与抢劫罪罪名是否成立？"

随后，陪审团宣布了对每名罪犯的裁决：所有人的罪名都成立。

被定了罪的罪犯们被带出法庭，去新门监狱等待接下来的宣判，上议院法官霍尔特最后致辞。"先生们，"他对陪审团说道，"你们表现得很好，为重拾国家及伦敦的荣誉做出了巨大贡献。"

第三十一章
行刑码头

伦敦东区·1696 年 11 月 25 日

二次庭审后又过了几天，6 名叛国罪犯，包括两次庭审都承认自己有罪的约瑟夫·道森，都被带回老贝利听候判决。最后一次站在审判区，神职人员依次询问这几个人，问他们是否有充分的理由申请免死。

第一个回话的人是道森，他带着听天由命的神情说："我愿意服从国王与尊贵法官们的一切指令。"福赛思依旧说自己是无辜的，庭审记录中只说他"继续为自己辩护，等等"。赫奇斯法官打断他，解释："法庭已经采取了非常公平的态度对待审判区的罪犯们，并充分听取了你的辩词。"他随后又表示，陪审团已经做出了裁决。现在的问题是，政府方面是否有理由不对罪犯执行死刑。

后来，福赛思放弃了最后的抵抗，说道："我希望被送到印度去服刑。"

威廉·梅又提起了自己的健康问题，他也申请去国外服刑。"法官大人，我身体非常不好，整个过程中都没有参与过犯罪，"他申辩道，"我任劳任怨地为国王和国家效忠了 30 年，现在我也非常乐意为东印度公司效劳，只要他们愿意接收我，我也希望尊贵的法官大人能考虑我的状况，如果一定要服刑，我想到印度去。"

"我这个人什么都不懂，"詹姆斯·刘易斯自己承认，"就全靠国王的仁慈了。"约翰·斯帕克斯也同样渴望王室的垂怜。年轻的威廉·毕晓普的陈述应该是5人中最可怜的了。"我18岁的时候被逼着上了船，现在21岁了，希望得到国王与法庭的怜爱。"

然而，求怜并没有得到回应。赫奇斯法官宣布判决结果时再次引用了原判中的国际海盗罪罪名，只是原判决结果没能得以执行。

他声称："你们抢劫印度与丹麦船只和物品，虐待同僚，针对种种令人发指的行为，给你们定了三项罪名。国法将对你们这种十恶不赦的罪行加以严惩，处以极刑，最终的法律判决是：你们所有人，从哪里来就要被带到哪里去行刑，所有人都将上绞刑架被绞死。这已经是上帝对你们的宽宥了。"只有约瑟夫·道森一人（两次庭审都认罪）除外。

1696年11月25日，也就是他们无论自愿与否，将自己的命运交给勇士船长埃夫里之后的两年半，这5人被押出新门监狱，一路游街到伦敦东部沃平的一处码头，那里离最初建造查理二世号的船坞不远。

至于行刑码头的具体位置，一直是伦敦历史学家们争论的话题。现如今，有好几家酒馆称自己所在的位置是行刑码头的原址。虽然行刑码头的位置无法确定，但当时的小报极度关注此次公开行刑，所以，我们多多少少能了解到当时的一些场景。某种程度上，在埃夫里那个年代，观看一场残酷的绞刑就跟我们今天收看大型体育赛事的感受差不多：一群好事的人在行刑现场围观，还有成千上万不能抵达现场的人，可以通过媒体报道间接地了解现场情况。

行刑码头正对着河面，具有象征意义。在那里被吊死的海盗们——尸体通常会在那里吊上几天，等待腐烂——会向从事海上活动的群体传递这样的信息：当你驶过泰晤士河口进入公海时，不要再妄想自己可以逍遥法外。由于河畔所在的位置较为特殊，所以人群集中在码头前面一排迎着浪停靠的划艇上。想象一下，一群想要看热闹的观众，在泰晤士河上漂了几个小时，就等着看那几个被判了刑的囚犯被执行绞刑。当5名囚犯朝绞刑架那边走去时，沃平街道与河岸之间的台阶上，人头攒动，人声鼎沸。

这是一场备受关注的公开行刑，所以允许囚犯们最后再说几句话。然而，面对着翻涌的城市河流，当时又没有科技能力去突破人类声带的局限将声音放大，所以囚犯们说的话大都被泰晤士河那奔腾的河水声掩盖了。但没过多久，他们的这番话就被媒体传播了出去。还不到一个月，一本小册子就出版了，它讲的是"威廉·梅、约翰·斯帕克斯、威廉·毕晓普、詹姆斯·刘易斯以及爱德华·福赛思因犯抢劫罪、海盗罪等重罪而被押至行刑码头的故事，册子里写了他们临终时的表现、所说的话以及行刑过程"。

忏悔过程大都会围绕"犯罪没有好下场"这种传统的道德剧

剧本上演。比如，福赛思会幡然悔悟："罪恶感，再加上面临的死刑，仔细回想，他这阴暗的一生都在干烧杀抢掠的事，过着刀口舔血的日子，这也算是命运对他的惩罚吧，因为罪恶的行径……本身就会带来诸多麻烦，也会带来很多苦恼。"

约翰·斯帕克斯年纪轻轻，他的临终遗言给人的印象最为深刻，貌似是莫卧儿船上的性暴力事件给他造成了巨大的精神创伤。小册子中说："他对自己罪恶的一生有了悔悟，尤其是自己那些丧尽天良的行为，虽然之前提到的那些印度人都是异教徒，但他对他们所做的事却是残暴的、泯灭人性的。如今，他意识到了自己的罪行，也承认自己罪有应得，至于在劫持英国船只叛逃方面所背负的不公与污名，他已经不那么在意了。"

严格上讲，约翰·斯帕克斯是以劫持查理二世号叛逃的罪名被定罪的，然而，死前最令他难以释怀的是他在超级宝藏号上犯下的那些罪行。

临终忏悔过后，5名罪犯站到绞刑架上，锁套套在每个人的脖子上。在码头上给海盗们执行绞刑的过程是极为残酷的，所用的绳索比通常的要短一截。这样一来，在把他们脚下的挡板撤走后，脖颈不至于被绳子立即绞断。这群人类公敌不配执行快刑，不能让他们痛快地死去，要让他们窒息而死。由于无法享有快刑的待遇，5名海盗被吊在锁套上，身体在众多看热闹的观众面前扭曲摆动，他们慢慢窒息而亡。

有了罪名成立的判决结果，也有了公开行刑的过程，英国政府以及东印度公司按原计划成功地达到了公开庭审的效果。他们终于为主导性史实陈述制造了一个令人信服的结局。约翰·埃弗林厄姆的合同被续签，不到几周的时间，出版商出版了一卷篇幅长达28页的庭审记录——首次庭审失败的内容只是一笔带过。此次出版的内容进行了多次重印，全大英帝国的人都能看到。出版物最后注明了一句话，明确表达了王室对海盗罪行的态度：

依照判决结果，爱德华·福赛思及其余几名罪犯定于1696年11月25日执行绞刑，地点在行刑码头，此处将成为日后处决海盗的常规地点。结案。

尾声
自由民主

　　约翰·丹恩把抢来的钱币缝在了上衣的衬里中，在被发现之前的几天——接下来引发了一连串事件，最终导致5名同船水手在行刑码头被绞死——他恰巧在伦敦郊区的圣奥尔本斯碰到了亨利·亚当斯的新娘。当时她正坐在一辆驿马车上，不知道要去哪儿。丹恩和亚当斯夫人简单聊了几句，这位前任舵手的夫人不小心透露她要去见亨利·埃夫里。

　　根据相关部门的记载，丹恩被抓不久，他就在宣誓证词中提到过偶遇亚当斯夫人这件事。如果他所说属实——丹恩没有理由去编造这样一个细节，那么亨利·亚当斯的这位新娘就成了一个神秘的角色。多方证词证明，亚当斯与幻想号上的其余几名船员一同抵达巴哈马群岛，不到几周的时间就和这位传说中的女人相遇并结了婚。后来，他说服了这位新娘同自己和19名同伴乘一艘小型帆船前往2 000英里外的爱尔兰。后来，他们克服千难万险抵达一处安全港，又拿钱贿赂邓法纳希的海关人员让他们入港。最后，当这群人再次踏上英国领土时，所带赃物几乎没有一点儿损失。

　　再后来，不知怎的，亨利·亚当斯和妻子分道扬镳了，她独自坐着驿马车前往秘密地点与埃夫里船长会面。丹恩与她既然能礼貌交谈，说明她当时是自愿去爱尔兰的，也是自愿跟亨利·亚当斯结婚的。然而谁也不知道她经历了什么，抵达爱尔兰之后仅仅几周时间，她就要去与新婚丈夫的船长会面。

毫无疑问，有许多无伤大雅的解释。或许当时亚当斯和埃夫里在一起，只是见到丹恩时，她忘了提及自己的丈夫。或许，丹恩以为法官们感兴趣的是埃夫里，所以就没有提及亚当斯。或许，这一切都是丹恩编造出来的，目的是将政府方面的注意力引到他们最想抓的埃夫里身上。可是，如果说这些都是他的伎俩，那么他为何不再多编造一些细节？为何不说一个具体的会面地点？

你可以顺着这些线索花几小时去挖掘信息。但是，如果只关注丹恩那份简单的证词，你就会发现，从文字描述上看，是存在疑点的——按照1696年英国的社会背景，与亨利·亚当斯新婚一个月后，亚当斯夫人居然独自去见埃夫里。于是便出现了这样一个问题，亚当斯夫人与埃夫里船长之间是否有什么浪漫的感情纠葛。埃夫里难道要偷走舵手的新娘？

在埃夫里团伙中，虽然这种感情纠葛的迹象很微弱，但丹恩在证词中提到自己遇见过亚当斯夫人这件事是一个很重要的线索，其意义远不只是海盗的感情生活那么简单。坐在驿马车上的亚当斯夫人顺口提到了亨利·埃夫里，这也是他的名字最后一次出现在正规合法的史料记载中。1696年8月初，也就是他回到爱尔兰一个月后，当时丹恩和米德尔顿正在受审，而这位世界头号通缉犯却消失得无影无踪。直到今天，依旧没有人知道他的下落。

虽然1696年8月就已经没了亨利·埃夫里的踪迹，但是在接下来的几十年里，有关他的传奇故事逐渐进入人们的视野。1709年，范布勒克以埃夫里手下一名船员的视角，出版了一部名为《约翰·埃夫里船长的生平与冒险记》的微型传记。范布勒克这部作品首次将埃夫里的形象刻画成了一个浪漫的求爱者，他对奥朗则布那位美丽的孙女一见倾心。故事的结尾是埃夫里与他的新娘幸福地定居在了马达加斯加岛，埃夫里在那里建立了一个繁荣的海盗王国——拥有一支大规模舰队，有40艘战舰，再加上1.5万名士兵。此外，据范布勒克的描述，埃夫里船长似乎扮演了城市规划者的角色："城市建起来了，社区建起来了，堡垒也建好了，防御工事也完善妥当，自己的领土坚不可摧，水陆两方面都固若金汤。"

原本是一个雄心壮志者对神秘海盗生活的平凡向往，然而到了范布勒克的笔下，却成了一段更具传奇色彩的神话：正如范布勒克本人所说的，这其实是一种"从牛仔到国王"的升华。其中涉及两种乌托邦式的幻想，而这正是英国平民一直向往的。第一种乌托邦式的幻想就是社会阶级流动的梦想：你出生在德文郡一个普通的工人阶级家庭，通过自己的果敢与能力，最后不仅获得了巨额财富，跻身皇室家族，拥有成千上万的忠心奴仆，还娶了世界首富的孙女（虽说这位世界首富与你的姻亲关系有些紧张）。第二种乌托邦式的幻想就是海盗王国：将海盗船上的那种平等主义精神带到陆地上，并运用到更为广泛的疆域中去。

海盗乌托邦式的幻想引起了广泛的共鸣，以至于18世纪早期，这部作品以多种形式出版。伦敦皇家剧院上演了一出名为《发迹的海盗》的剧目，戏说了埃夫里的生平，主要讲了他在马达加斯加岛上那几年称霸的日子。在畅销书《海盗通史》中，作者查尔斯·约翰逊一反常态，没有讲那些在公海大肆抢掠的事，而是出人意料地讲了很多有关马达加斯加岛上的海盗公约细节。约翰逊写道："第二天，整个殖民地的人都聚集起来，为了实现自卫，三位领导者提出了创建政府的提议……他们主张建立一种民主形式，法律的制定以及司法过程都由人民自己完成，最令人幸福的是……三位领导者的财产和牛都会均等地分发下去。"[1] 亨利·牛顿通过庭审埃夫里犯罪团伙这种方式推行了一种主导性的观念，在这种观念中，海盗是人类的公敌。但是在约翰逊的笔下，海盗的形象是完全相反的："这是一群海上英雄，他们摈弃了暴戾与贪婪的秉性，是追逐自由的勇士。"正如马达加斯加岛上一名土著所说的："他们不是海盗，而是维护着上帝与自然赋予他们的自由权，他们不是任何人的奴隶，却为了所有人的共同利益……（他们）时刻守护人权与自由，（他们）要保证人人平等。"[2] 总之，按照约翰逊的说法，海盗们所诠释的"民主主义"是欧洲在数年以后才彻底领悟的，即所谓的自由民主。

埃夫里在印度洋犯下的罪行最终推动了现代社会主流机构的形成与巩固。多亏了塞缪尔·安斯利的奇思妙想，东印度公司通过超级宝藏号事件掌握了统治南亚次大陆的新特权；针对海盗在公海领域的为非作歹，英国政府长期采取模糊的法律态度，与奥朗则布发生的那次冲突迫使英国政府明确自己的立场。像中央政府、跨国公司这样的机构，看上去似乎高大宏伟，就像其办公楼那样，然而，这些机构及其拥有的权力的本质形态都是通过一些小事件打磨出来的，这些界定了其权限。17世纪，打磨机构形态的便是海盗。与此同时，埃夫里的事迹也催生了另一种看问题的视角——平民看待社会的深刻视角，在这种视角下，贫富差距与特权现象可以被更为平等的社会组织形式替代。然而有朝一日，这种社会视角将再不会与那些老练的水手以及叛国者有任何瓜葛，也不会再有亨利·埃夫里什么事，海盗的形象只会出现在儿童读物和主题公园的游乐设施中。不过数世纪之后，海盗集团在政治与经济上的颠覆性梦想会由一拨新的声誉更好的海上群体去实现。

在某种程度上讲，埃夫里以及之后的海盗之所以热衷于这种处于萌芽状态的政治结构，是因为当时的航海领域本身的严峻挑战。在地理大发现时代的最初几个世纪，海洋是需要人不断去探索的领域。说得极端一些，海上的生活形态能代表整个人类的文化。由于人的生理特性，周围环境中充满了现实的威胁，比如口渴、饥饿。然而，人类文化所独有的特性使得我们有机会在这种恶劣的环境中幸存，甚至以此为生。好在人类被逼无奈之下琢磨出了一些新的生存技能，才能完成如此令人印象深刻的壮举。有些技能属于科技方面的，比如更为高级的地图、指南针以及钟表，而有些技能是属于政治方面的——政体组织的新形式，或者财富分配方式。

我们不应该将贯穿埃夫里海盗生涯的平民主义倾向传奇化。海盗们助力构建了这样一种虚构的理论——社会底层的人可以努力拼搏，营造出一种较为公平的社会——这种理论被之后数世纪的政治进步派与改革家接受。然而，毫无疑问的是，海盗扮演的角色依旧是极度排外的性侵匪徒。他们虐待他人，只是单纯出于唯利是图的本性。他们炸毁清真寺完全是一种盲目的报复。他们把人抓来，将他们当作流动的货币而非人类。他们在船上对那些有宗教信仰的人施暴数天。卡尔·马克思曾经这样评价资本主义，他说，对于这种曾经在人类社会中存在过的事物，你可以把它想成是极好的，也可以想成是极坏的。为了客观评价海盗，最重要的是评价亨利·埃夫里，我们就得一分为二地看待问题。对于大众而言，他们是英雄，他们守护的是一种全新的更为平等民主的社会秩序。但与此同时，他们也是杀手，是施虐者，是盗匪，是人类公敌。

从另一角度来讲，当时超级宝藏号事件是领先于整个时代的：处于关键参与者之间的非对等关系中，且此事件的最终结果在全世界范围内造成了一定的影响。埃夫里团伙最令人震惊的一点就是，这一小撮人——完全游离于官方权力机构之外，居然可以引发一个轰动世界的大事件。埃夫里在全球范围内引发的畏惧、敬仰之情以及一些无法衡量的效应成了世界体系演变中的一个转折点。就拿我们熟悉的基地组织和"伊斯兰国"举例，大家可以这样想象：一些残暴的特工游离于传统的国家体制之外，利用暴力行为来引发地缘政治危机，进而引发全球性通缉行动。然而，早在3个多世纪以前，这种剧情就已经由埃夫里团伙上演过了。

这一转折点与其说是埃夫里本人，不如说是17世纪末即将形成的"世界新秩序"。这一系列事件的反响如此广泛，不是某个人的权术所致，而是1695年9月那天将两艘船关联起来的那张错综复杂的关系网：莫卧儿皇帝的财富，英国王室日益膨胀的野心，国家意识的逐渐增强，现代跨国公司的诞生，重要性日益凸显的全球贸易网，还有海盗对国家边界及主权所构成的威胁。若换成关联程度较低的系统，区区200人是无法引发全球性危机的，更何况还对三个以上大陆板块造成了如此大的影响。亨利·埃夫里恰巧是首批触动这一网络的人之一，触动之后，埃夫里及其手下向世人展现了整个系统的联动性，也让世人懂得了看似不起眼的小角色也可以轻而易举地扰乱这一系统。火炮自爆以及主桅杆基座被击中这两大事件便是弗朗茨·斐迪南大公在萨拉热窝大街遇刺事件的预演：均为引发全球性危机的暴力事件。

海盗被执行死刑两个月后，惊恐之余的费城人向詹姆斯·胡布隆发来了一封信件，抱怨了埃夫里的船员在殖民地公开炫耀的行为。这是一封具有历史意义的信件，揭示了17世纪末美洲殖民地区域对海盗宽容的法律环境。不过与此同时，它也揭开了亨利·埃夫里人生的另一块版图。当时的一位人士透露，听埃夫里的手下说，他们"抓了一位莫卧儿公主，埃夫里带走了她，还给手下留了几袋金子"。

或许这些人都是混子，假扮埃夫里团伙中的成员，借此吸引当地人的眼球，胡编乱造一通，好让自己的故事更精彩。但即便是谣传，在1696年底，一些事情还是有可能发生的，有可能就在11月码头行刑之后的几个星期里——英雄传记（大部分是虚构的）出版之前的几年。难道是埃夫里及其穆斯林新娘的传奇故事通过人们的口口相传传到了费城？或者，难道是费城酒馆里的那些人道出了事情的真相：早在1695年9月他们就已经在那里了，在苏拉特海岸，他们目睹勇士船长埃夫里"带走"了他的莫卧儿公主。如果他们说的这些属实，那么更有趣的问题来了：那位莫卧儿公主后来去了哪里。

难道那位神秘的亚当斯夫人就是莫卧儿公主，为了混进爱尔兰乔装的，这种说法是否可信？或许埃夫里担心她与自己的关系，更别提与奥朗则布的关系了，会让相关权力机构占了便宜——本来是要抓他本人，结果还有她这个意外收获。于是，为了在报关员那里蒙混过关，她用了一个新的身份，假装成舵手的新娘。她只好与埃夫里分头行动，之后在那里等待，直到埃夫里传来消息，让她过去会合。

但是，若想让人切切实实地接受这种说法，就至少得接受范布勒克笔下的那个伟大的具有浪漫主义色彩的传奇人物——埃夫里，不过，其中还是会存在逻辑上的问题。若真是这种情况，那么在某种程度上那位公主就是自愿与海盗同行的，而不是一名俘虏。考虑到1695年的现实情况，一位出身高贵的穆斯林女性难道会从一群海盗身上看到机遇，将这看成一种逃脱的途径，彻底从德里穆斯林女眷牢笼般的生活中解脱？

根据范布勒克的说法，埃夫里即刻向公主求了婚，就此与之结成了某种联盟关系，那么关于这种滑稽的说法，是否还有较为合理的版本？或许，埃夫里的手下查出了她的身份并将其带到船长那里，本以为船长会把她当成一名性奴。看得出来，两人一见面埃夫里就已经意识到她的地位要高于自己。她的为人更加老练，而非"懵懂无知"。不过，埃夫里能够接受他们两人之间的地位差距。或许，埃夫里考虑到手下那种危险的"饥渴"心理，本想借此机会给他们上一课。或许，他表现得彬彬有礼，给手下做了表率。而公主也有她自己的苦恼：身为女性，祖父恰好是莫卧儿王朝四百年统治期间最为正统的穆斯林。或许，她将埃夫里和幻想号事件看成一次机会，可以摆脱无趣的骄纵生活，两人与其说是一见钟情，不如说是各怀鬼胎。于是，这次不起眼的初次见面以后，两人之间形成了一种更为牢固的关系。过海关时，她用亚当斯夫人的身份做掩护，回到伦敦后又低调地过了几周，后来有一天，信箱里出现了一封信，再后来她就乘驿马车去与埃夫里会合了。

其实，事实可能比海盗国王或者伟大的浪漫主义者这些有趣的传奇故事更为恐怖或者黑暗。实际上，如果当时幻想号上的水手真把公主带到了埃夫里面前，那么用犯罪学术语来说就是，他很有可能会"强奸"她。几乎可以肯定的是，她不会讲英语，所以无论两人之间进行了怎样的交流，传递的信息都是极为有限的。而且，即使她是自愿留在幻想号上的，她也很有可能在前往巴哈马群岛的漫长途中香消玉殒了。我们所能确定的只是围绕她形成的那些传说：海盗国王和穆斯林新娘。传说本身就带有历史趣味性，有一个简单而明了的事实就是，这种工人阶级英雄人物的发迹史——首批被大众媒体宣传的事迹，最终在伊斯兰神职人员的见证下以跨种族联姻结尾。当然，若放在今天，在绝大多数情况下，英国普通工人出身的男人与南亚贵族出身的女人结婚这种事很常见，多亏了从埃夫里时代起逐渐发展起来的全球网络，也多亏了之后数世纪以来针对种族与宗教歧视所进行的长期抗争。然而在埃夫里那个时代，这种跨越种族文化的浪漫实属闻所未闻。由于这位公主的身份不明，所以说更多的是人们的想象，真实度并不高。17世纪末的那几年，对于一位穆斯林公主来讲，她不太可能跟一个英国平民私奔，还过上了幸福的生活。很有可能是因为普通大众读者想看到这样的结局，这才想象出了一个这样的世界，在这个世界里，联姻是美满的，不是禁忌。

史料对亨利·埃夫里的生平细节，至少在他成为海盗的那两年，有着详尽的记载，比对莫卧儿公主生平的描写要详细。不过，他的结局依旧是个谜。没有明确的证据能够证明埃夫里最后回到了马达加斯加岛，而自由民主本身也大都是一种憧憬，都是那些街头卖唱者或编故事的人编出来的，他们梦想着能在伦敦那种有着多个社会阶层的城市生活得更好。（1710年，当伍兹·罗杰斯抵达马达加斯加岛海盗社区时，他发现那里的人口已经"缩减到了六七十，而且绝大多数都很穷苦、可怜，包括当地人，其中也有已经成家的人"。）据查尔斯·约翰逊所说，埃夫里回到伦敦后不久，在通过黄金商洗钱时，损失了绝大部分财物。在他这一版本的故事中，埃夫里回到德文郡20年后就在穷困中死去了，让人吃惊且费解的是，几乎默默无闻。[3]

然而事实却是没有人真正知道亨利·埃夫里到底怎么了。整个世界都关注了他几年，但是后来他又从人们的视线中消失了。

塞缪尔·安斯利关于"盐水水域警备团"的策略在执行的头几年遭遇了几次大的打击。首批受雇于东印度公司莫卧儿舰队护卫队的船长中就有威廉·基德，1696年，此人带领一艘全新的配有34门火炮的巨轮也就是冒险号前往印度洋。基德的官方使命比他预想的严峻得多，没过多久，他抢了一艘名为奎达商人号的亚美尼亚船，于是就叛变成了海盗，其间的暴行不亚于超级宝藏号事件。不过在逃亡方面，基德没有亨利·埃夫里那么精明；几年后，他在波士顿被捕，最终被遣回英国执行死刑。1701年5月，也就是埃夫里团伙被执行绞刑的5年后，他也在行刑码头遭遇了同样的命运。

在大众的观念中，基德是最后的"红海人"；随着英国海上护卫队对莫卧儿载宝船以及商船护卫工作的日益加强，海盗们索性将这片海域留给了那些合法的贸易商，转而奔向了加勒比海。（年轻的菲利普·米德尔顿，也就是那个在老贝利法庭上指证自己前盟友的人，居然成了一名贸易商，在孟加拉地区为东印度公司效力。）在接下来的几十年里，安斯利（当初被囚禁在苏拉特工厂）最初勾勒的武装部队逐渐成为东印度公司在印度方面的核心力量。截至18世纪50年代，公司已经在南亚次大陆形成了3 000人的小规模军事力量；到19世纪，这一规模达到数十万人。

奥朗则布比其诸多子孙长寿，活到了89岁，于1707年去世。在他生命的最后几年里，我们这位世界征服者意识到了莫卧儿王朝的动荡。据说，他曾预言："等我死后，必有一场动乱。"事实也证实了他的这一预言。他死后，印度的状态是"一代代昏庸无能的皇帝，一场场战争，还有贵族发动的一次次政变"。自始至终，东印度公司都牢牢掌握着在该地区的权力，并于1757年普拉西战争时期达到权力巅峰，之后，公司开始对南亚次大陆实施行政统治，结果，这一行政统治持续了100年之久。

这样说吧，塞缪尔·安斯利在企业霸权的形成时期起到了至关重要的作用，但是在他成年以后为企业效力的头几十年里，并没有看出明显的效果。埃夫里事件过后不久，他就因涉嫌对苏拉特工厂的账目管理不善被解雇了。后来，他成了苏拉特的一名私营商人，也取得了不小的成就，活到了77岁。最后的那段日子里，他过得并不幸福，于是开始筹划着回英国。他在一封信中这样写道："这里的气候总是不利于健康，我宁可在自己的国家安度晚年，也不想再在印度滞留片刻。"然而，安排返程已经来不及了。1732年，他在苏拉特去世。自从19岁那年首次来到印度，安斯利就再也没能回英国。

虽然埃夫里一案的一审没能达到预期效果，但是亨利·牛顿的那番主讲陈述，即表明英国与海盗势不两立的立场，最终算是实现了吗？从长远来看，答案是肯定的。没错，埃夫里的事迹的确对后来黄金时代的海盗们起到了鼓舞作用，并一度在18世纪早期的加勒比海海域泛滥，但是自老贝利的那次公开庭审后，英国政府就对海盗的法律身份采取了坚定的立场。牛顿在一审中的开场白——"由于海盗的滋扰，世界贸易必然止步不前"，成了核心原则。约翰·盖尔当初在孟买城堡发出的呼声最终成了官方政策。东印度公司与莫卧儿帝国尤其是苏拉特商人之间的贸易关系得以恢复，特别是在威廉·基德被执行死刑之后。东印度公司护卫队的守卫有效地打压了红海航线上的海盗的气势，朝圣船又可以放心地去麦加了。英国及其殖民地逐渐摆脱了"海盗国家"的名声。

1701年3月，威廉三世国王发布了一项"抓捕海盗公告"，重申了当初在老贝利法庭上所坚持的反海盗立场，也借用了当初用在埃夫里案件中的一些悬赏手段。凡指认同船海盗并举报给相关机构的海盗，无论犯了什么罪，都可以"获得最为宽容的量刑"，而且若他们的消息有利用价值，国家缴收的赃款，他们还可以拿1/3的份额。而那些逍遥法外的海盗只要是英国国民，都有机会获得宽厚的待遇以及一份不菲的奖励，只要他肯站出来指认自己的犯罪同伙。

这份公告的篇幅长达几页，此类文件的措辞往往是非常考究的，且形式极为正规。不过，文件最后还有一个附加项。该公告适用于叛变为海盗的所有王室臣民，只一人除外：亨利·埃夫里。

致　　谢

将近 15 年前，我出版了一本名为《幽灵地图》的书，内容是关于 1854 年伦敦发生的流行性霍乱。这部作品与我的大多数作品类似，跨越了多个学科领域——从微生物学到城市规划，再到社会学。不过，与我绝大多数作品不同的是，它是围绕好莱坞人士口中的"主线"叙事的，即一本图书所围绕的核心的、一种近乎线性的描述脉络。在那件案子中，一个凶手在伦敦的各大街头游荡，其中还有一位（医学）侦探在调查此案。无论作品中的评论性语言怎样引导读者，都不会偏离主线太远。

尽管选题有些冷门，或者干脆说正是这一原因，这本《幽灵地图》出版数年之后，逐渐吸引了越来越多的读者。在某种程度上，本书所要突出的主旨便是源自那一时期我与众多《幽灵地图》读者交流的结果。《幽灵地图》的体例吸引了读者，令其欲罢不能。我很长时间没再运用过这种体例，本书意欲重新启用，并在原来体例的基础上做稍许变动：本书所描述的是一个在公海海域游荡的海盗以及想要将其缉拿归案的整个世界。所以，首先应该感谢的便是读者朋友们，感谢他们让我重拾了用一条主线创作的乐趣。

亨利·埃夫里的故事跟《幽灵地图》的相似之处在于，二者体裁更偏向学术研究，所讲述的事情是绝大多数读者闻所未闻的。

由于之前的创作收获了不错的成绩，对此，身为作者的我尤感幸运。在引子部分，我一直都在做这方面的研究与努力——目的就是让读者知道，本书不仅仅是对亨利·埃夫里和幻想号事件的简单描述，更反映了此事件背后的相关焦点问题。所以，这里尤其要感谢的是为此书做出过贡献、提出过宝贵建议、精读此书的学者们与朋友们：菲利普·J. 斯特恩、道格拉斯·R. 伯吉斯、戴维·奥卢索加、乔尔·贝尔、索马·慕克吉、克里斯·海姆斯、马克·贝利、斯图尔特·布兰德和亚当·费舍尔。我还要感谢一个人，他就是很久以前我在研究所时的导师爱德华·赛义德，是他让我意识到了"东方"制度对西方制度的形成所造成的强烈影响。真希望他能看到本书，在研究所的那段日子里，他经常因为我在作品中使用后结构主义术语而恼火，如今这一毛病已被我改得差不多了，他要是能亲眼看到该多好。

我还要感谢乔·戴维斯，感谢他最后关头到伦敦图书馆去做考证。还要感谢多家机构提供的档案，对本书的撰写起到了极为重要的作用：大英图书馆的印度办公室记录，英国国家档案馆，英国国家海事博物馆，道克兰博物馆，纽约公共图书馆。

我的编辑考特尼·扬更是花费了大量心血去研究本书的体例，自己工作的地方都快变成了《非常嫌疑犯》中的"疯狂墙"，通过直观的方式审视本书的章节布局。她还帮忙解决了有关本书主题方面的棘手问题，对本书的叙事节奏有着独特的视角。我还要再次感谢凯文·墨菲为此书做了大量的润色工作，将毫无章法的初稿修改得更加得体。在本书出版方面，我的长期合作伙伴杰弗里·克洛斯克一如既往地创造力十足，且做事灵活。尤其与众不同的是，我与杰弗里的伙伴关系比我在出版领域缔结的任何关系都要长久；在这里，希望我们能在今后一起合作的日子创造出更多的成果。

还有一位要特别感谢的，那就是我的经纪人莉迪娅·威尔斯，时至今日，我们一起共事近25年。这是我们合作的第13本书了。这个数字本身就具有一定的代表性，不过，也有数字无法表达的：在我的整个职业生涯中，莉迪娅一直是我的引路人，她是第一个教我考虑长远"职业规划"的人。在做这个项目以及其他项目的过程中，很高兴能得到众多好心人的倾力帮助，尤其是阿里·伊曼纽尔、杰伊·曼德尔、西尔维·拉比诺以及瑞安·麦克尼利。

感谢家人对我的包容，能容忍我长篇大论地，偶尔会比较风趣地，在晚饭时间讲一些与实际生活相差较远的17世纪的海盗话题。（尤其要感谢我的儿子迪安，是他提议将"自由民主"作为章节的标题。）我要将此书献给我的妻子亚历克莎·鲁宾逊，一直以来，她都热衷于航海史，于是在本书的早期创作阶段，还没有诸多重要工作要做的时候，她成了我的一位理想的研究助手。此外，虽然她曾经几次不厚道地嘲笑了我的"乡巴佬"措辞，但她的确是一位出色的文字编辑。谨以此书献于你，亚历克莎。

加利福尼亚州马林县
2019年7月

注　释

引　子

1. Parker, p. 63.
2. Steele, p. 360.

第一章　事件发端

1. Turley, p. 23.
2. Quoted in Dean, p. 60.
3. Defoe, *The King of Pirates*, loc. 65 – 67.

第二章　制造恐怖气氛

1. D'Amato, loc. 1095 – 1097.
2. Egerton and Wilson, plates 37 – 39, lines 8 – 23.
3. 见希契科克（Hitchcock）和马伊尔（Maeir）对海上民族和"黄金时代"海盗的细致入微的比较。
4. Quoted in https://founders.archives.gov/documents/Jefferson/01-28-02-0305.
5. 想了解更多关于恐怖主义演变的信息，见 https://www.merriam-webster.com/words-at-play/history-of-the-word-terrorism。
6. Leeson, pp. 113 – 14.
7. Ibid., p. 112.
8. 这里需要重述一下书中的完整描述，好让现代的读者明白，其实那种看似无端的暴力行径由来已久："（男孩儿）被一顿鞭打之后，又被泡在盐水里；后来，他把男孩儿绑在主桅杆上九天九夜，四肢一直大张着；但他依旧不罢休，将孩子松绑之后放到跳板上，用脚踩踏孩子的身体，还让手下也跟着做，手下拒绝了；为此，他越想越恼火（像他这种人，看到大家可怜那孩子很有可能会被激怒），于是，趁那孩子躺在跳板上站不起来，他就使劲儿踩着那孩子的胸脯，踩得那孩子嘴里一直往外喷东西；他气得用两手掐住那孩子的喉咙，几次硬生生地将吐出来的东西塞回去；那可怜的小家伙就这样被折磨了18天，奄奄一息，吃到的食物只够维持生命体征，就这样，还不停地遭受折磨；他每天都会被毒打，尤其是他死的那天；当时，他奄奄一息，说不出话，他那无情的主人抽了他18鞭子；就在要断气的时候，他把手指放到嘴边，这是想要喝东西的信号，紧接着，那个残忍的家伙依旧不依不饶地继续虐待他，从船舱里拿来一只杯子，里面装着他的尿，让那孩子喝下去；据说，那孩子喝下去一点儿，随即就推开了，紧接着就断了气；老天慈悲，他终于结束了痛苦；由于没能尽兴，船长似乎还有些不悦。" Quoted in Turley, pp. 10–11.

9. Leeson, pp. 111–12.

第三章　莫卧儿王朝的兴起

1. Anonymous, "The Bolan Pass," pp. 109–12.
2. Maddison, loc. 7583–7584.
3. Quoted in Yafa.
4. 更多关于染色织物的世界历史影响——价值纯粹是因为它的美学属性，见 Johnson, *Wonderland*, pp. 17–30。
5. Yafa, p. 28.
6. 酒、青铜、锡、黄金和各类制成品沿尼罗河被运到科普托斯，再横跨大陆运到红海海域的米奥斯霍尔莫斯或者贝勒奈西各处港口。埃及的那些希腊人通常都是通过两条主线从亚丁湾到达印度：一是从北面的古吉拉特邦到喀拉拉邦的西南海岸，二是绕到南部距离稍远的锡兰（Casson 1989）。他们带回胡椒等香料、珠宝以及棉织品，还能买到一些中国的丝绸、镜子以及其他一些从陆路运到印度的商品。印度贸易的大部分资金来自金银的出口。从印度境内发现的罗马钱币数量与日期就能推测出当时的商业中心以及不断变化着的往来频度。Maddison, loc. 3884–3891.
7. 斯特拉波关于印度的著作摘自 https://www.ibiblio.org/britishraj/Jackson9/chapter01.html。
8. Quoted in Gopalakrishnan, 2008.
9. Al-Biruni, pp. 10–11.
10. 1012年，马默德乘船抵达曷利沙帝国原都城——位于德里北部的塔内瑟尔。当时的阿南达帕拉想要从中调解，现如今他的王国已经沦为了潘贾卜东部的一个小部落，而且它本身的制度也并不比伽色尼王朝的封建制度好到哪里去。他想用大象、珠宝和每年固定的贡品贿赂马默德，结果遭到了拒绝，紧接着，曷利沙帝国就衰落了。"苏丹王带着不计其数的掠夺物返乡。""赞美真主，这位世界的守护者，是他维护了伊斯兰教和伊斯兰教信徒的荣誉。"历史学家乌特比曾这样写道。Keay, loc. 4472–4476.

第四章 人类公敌

1. Van Broeck, pp. 3 – 4.
2. Konstam, loc. 553 – 558.
3. Johnson, *A General History of the Pyrates*, p. 2.
4. Burgess, pp. 21 – 22.
5. Ibid., pp. 27 – 28.

第五章 两种财富

1. Foster, p. 61.
2. Ibid., p. 82.
3. Ibid., p. 102.
4. Ibid., p. 104.
5. Keay, loc. 6673 – 6684.
6. Baladouni, p. 66.

第六章 西班牙远洋舰队

1. Quoted in Charles Rivers Editors, loc. 28.
2. 说到远洋舰队离开英国的具体时间与地点，史料中并没有明确的记载。比如，海盗史学家安格斯·康斯塔姆认为，他们是6月从布里斯托尔出发的，而不是8月从伦敦出发。Konstam, loc. 4290 – 4291.
3. 18世纪初，马库斯·雷迪克统计了一项数据，包括169名海盗的信息。数据显示，海盗的平均年龄是28.2岁。在这份样本中，最小的海盗只有14岁，最大的海盗是50岁——按18世纪航海领域的标准，这个年纪已经算是年长者了。不过，绝大多数海盗都是20岁左右。在雷迪克的样本中，57%的海盗年纪在20—30岁。这些数据表明，海盗群体是一个年轻群体，只有少数年长者，希望仅有的那几位年长者能够理智一些。这些成员中，还有一些是孩童。除了年轻这个特征以外，海盗群体偏男性化。在18世纪的海盗群体中，知名的女性只有4位。Leeson, p. 10.

第七章 世界征服者

1. Keay, p. 214.
2. J. F. Richards, *The Mughal Empire*, p. 152.
3. Ibid., p. 223.
4. Ibid., p. 224.

注 释

5. Ibid., p. 244.

第八章　等　待

1. Turley, p. 16.
2. Ibid., pp. 17–18.
3. Quoted in Preston, pp. 29–30.
4. Turley, p. 14.

第九章　喝醉的水手长

1. 本章直接引用的所有叛变细节的内容都取自1696年由埃弗林厄姆出版的埃夫里团伙审判记录的手抄本。

第十章　幻想号

1. Johnson, *A General History of the Pyrates*, p. 116.
2. Leeson, p. 29.
3. Johnson, *A General History of the Pyrates*, p. 213.
4. Leeson, pp. 59–60.
5. Quoted in Baer, "Bold Captain Avery," p. 13.
6. Rediker, *Between the Devil and the Deep Blue Sea*, p. 286.
7. 这种平等主义观念延伸到船上的日常互动中。据约翰逊的《海盗通史》所述："所有人，只要他们愿意……随时可以闯进（船长）室，骂他一顿，脾气上来了，还会抢走他的食物和酒，容不得他挑毛病或反抗。" Johnson, *A General History of the Pyrates*, p. 180.

第十一章　海盗诗

1. 这些引语来自英国市井民谣档案，网址 http://ebba.english.ucsb.edu。请注意，《谋杀犯的哀歌》在原文中使用了古老的 "mutherers"，为了便于辨认，我已经把它翻译成了现代的 "murderer"（谋杀犯）。
2. 完整民谣如下：
   来吧，英勇无畏的小伙子们，
   我若许你们无尽的财富，你们是否愿意跟我一起去冒险？
   快去阿科鲁尼亚吧，你们会在那里找到一艘船，
   她叫幻想号，一定会让你们心旷神怡。

船长名叫埃夫里,那便是他的船;
他将乘着那艘船去闯荡,小伙子们,趁他还没行动——
去摆平那些法国人、西班牙人与葡萄牙人,还有异教徒,
他已向他们宣战,直到战死的那一天。

那船巨大无比,行驶起来像风一样,
船体经过组装、奇异改造,
所有设计均遵循便宜原则;
上帝保佑可怜的幻想号,她已向宝藏进发。

再见了,美丽的普利茅斯,该死的破地方,
我曾经拥有那里的一部分土地;
然而我被剥夺了权利,只好放弃;
英国的同胞们,即将加入我的命运之旅。

离开这条气温带,
到更炎热的地方去,你们会听到我前行的消息,
带上这个时代勇敢耀眼的150名勇士,
全副武装,做好了与敌人交战的准备。

北方地区的日子并不好过,
我将扬帆起航,总有一天会让你们亲眼见到,
也不妨让全世界都知道,、
我的目的地是波斯。

我们的名字将闪耀着划过天空,
我想去很多未知之地看看,
去法国人没去过的地方,
就连骄傲的荷兰人也不敢妄言去过。

我肩负重任,但我心甘情愿,
处于巅峰时期的我们,使命将更加重大;
相信我,朋友,就在这个时代,
从1693年开始,直到世界末日。

注　释

我以英国国旗为傲，我是它的臣民，
我会拿出应有的态度，但不会偏向任何国家；
只要是我想得到的东西，全世界都得来帮忙，
待我银钱丰足，我会给你们大把钱。

此刻，我在这里郑重宣誓，
能在国旗下效忠的固然更好；
但若非如此，蓦然回首，你会突然发觉，
幻想号的另一面旗帜在迎风飘扬。

黄金四骑士举着血淋淋的盾牌，
他们洋溢着青春的气息，如今这已然成了我的盾牌；
在见识我们采取行动之前，
行事得体一些为好，

你不犯我，我不犯你，
我们不会心慈手软，届时说什么都太迟了；
此刻，我们以面包和酒水起誓，
比任何仪式都要神圣。

此刻，这是我一心要做的事；
我那黑了心肝的国家，我向你宣告，
我没有做错任何事情，你没有理由不体谅我的所作所为，
这把剑将护卫我终生。

第十二章　乔赛亚先生是卖家还是买家？

1. Baer, "Bold Captain Every," p. 12.
2. Robins, pp. 48 – 49.
3. Defoe, *Anatomy of Exchange Alley*, p. 14.
4. Wright, p. 38.
5. Ibid., p. 101.
6. Ibid., p. 112.
7. Quoted in Keay, *The Honourable Company*, loc. 2627 – 2629.
8. Wright, p. 103.
9. Keay, *The Honourable Company*, loc. 2713.

10. Robins, p. 54

第十三章　西风漂流

1. Baer, *Pirates of the British Isles*, pp. 86 – 97.

第十五章　友谊号返航

1. Leeson, p. 9.

第十六章　无畏追兵

1. Quoted in Earle, p. 129.
2. Baer, *Pirates of the British Isles*, p. 98.

第十七章　公主殿下

1. Bernier, pp. 13 – 14.
2. Mukherjee, p. 19.
3. Ibid., p. 1.

第十八章　穆罕默德信仰号

1. Charles River Editors, loc. 280 – 284.
2. 范布勒克将埃夫里这种大胆行为诠释得更加具有浪漫色彩："他表现出非凡的勇气，仿佛早就知道，自己在这场战斗中获得的最为宝贵的就是女人，也是东方国家所能拿出的众多宝物中最为珍贵的。"Van Broeck, p. 29.

第十九章　超级宝藏

1. Johnson, *A General History of the Pyrates*, p. 12.
2. 范布勒克的描述继续强调其余船员的行为是具有十足的绅士风度的："其余船员以船长为楷模，甘愿做她的奴仆，一直都行为得体，就连那名神职人员都对他们以礼相待。"Van Broeck, p. 29.
3. Defoe, *The King of Pirates*, loc. 723 – 726.
4. Ibid., loc. 733 – 737.
5. Wright, p. 160.
6. Defoe, *The King of Pirates*, loc. 912 – 914.

第二十章　反叙事

1. Charles River Editors, loc. 311 – 316.

注释

2. Quoted in Grey, p. 45.

第二十一章 复 仇

1. Stern, *The Company-State*, p. 134.
2. Ibid., p. 135.
3. Keay, *The Honourable Company*, loc. 3485.
4. Quoted in Wright, p. 168.
5. Elliot, p. 354.
6. Wright, p. 174.

第二十二章 危机中的东印度公司

1. Quoted in Robbins, p. 55.
2. Proclamation for apprehending pirates, July 17, 1696, H/36 ff. 201 – 3.

第二十三章 逃 亡

1. Baer, p. 103.
2. Narrative of Philip Middleton, TNA/CO 323/3.
3. Examination of John Dann, TNA/CO 323/2/24.

第二十五章 猜测不等于实证

1. Fortescue, p. 507.

第二十六章 盐水水域警备团

1. Govil, p. 410.
2. Wright, p. 178.
3. Ibid., p. 176.

第二十七章 归 乡

1. Burgess, p. 911.
2. 丹恩的原始证词是以第三人称记录的，为了表述得更清楚，我便将他的证词用第一人称的口吻来表现。Examination of John Dann, TNA/CO 323/2/24.
3. Blackbourne to Chester, IOR H/36 f. 195 – 96.
4. Stern, *The Company-State*, pp. 138 – 39.
5. Court Minutes, 19 IOR B/41 ff. 86, 97, 252.

第二十八章 "海盗国家"

1. Burgess, p. 894.
2. Court Minutes, IOR B/41 f. 105, 143.

第二十九章 无效审判

1. 牛顿的开场白是值得深入研读的:"他们这种结局是罪有应得,先在自己的同胞(也就是英国人)身上犯罪,之后又去侵犯外国人:被海盗们侵袭的是英国商船,名叫查理二世号,是伦敦几位商人花钱造的,造这艘船另有目的,为了完成一次远航;在那次远航中,这些恶棍在船长埃夫里的带领下犯下了诸多恶行;1694 年 5 月在西班牙阿科鲁尼亚附近被扣押,也就是在那里,他们放吉布森船长回到岸上,随后,他们劫持船只,犯下了诸多不可饶恕的罪行,在世界各地的知名地点游荡了几年(后期会在证词中得以体现),不管对方是哪国人,信仰哪种宗教。"
2. 两次审判的所有引文均源自埃弗林厄姆手抄本的庭审记录,1696 年底,埃夫里团伙被执行绞刑后不久便出版。为了符合现代的单词拼写或语法习惯,有些地方我做了修改。

第三十章 何为有效审判?

1. Burgess, p. 901.

尾声 自由民主

1. Johnson, *A General History of the Pyrates*, p. 432.
2. Ibid., p. 389.
3. 他到底是被这一系列严酷的抓捕行动吓到了,还是被认识的人发现了行踪,我们不得而知;不过,他的确立即动身去了爱尔兰,并因此而苦苦哀求商人们的支援,结果无功而返,后来,他甚至沦为乞丐;在这种极端恶劣的情况下,他最后决定回去,自投罗网,一切都听天由命。接着,他就上了一艘商船,终于抵达普利茅斯,之后又从那里步行去了比笛福德,刚到那里几天,他就生病去世了,连棺材都没有人给他买。Johnson, *A General History of the Pyrates*, p. 15.

参考文献

Al-Biruni. *India*. New Delhi: National Book Trust, 2015.
Anonymous, "The Bolan Pass." *Journal of the Royal Geographical Society of London* 12 (1842), 109–12.
Baer, Joel. *Pirates of the British Isles*. Stroud UK: Tempus, 2005.
———. "Bold Captain Avery in the Privy Council: Variants of a Broadside Ballad from the Pepys Collection." *Folk Msic Journal 7*, no. 1 (1995), 4–26.
———. "William Dampier at the Crossroads." *International Journal of Maritime History* VIII, no. 2 (December 1996), 97–117.
Baladouni, Vahé. "Accounting in the Early Years of the East India Company." *The Accounting Historians Journal* 10, no. 2 (Fall 1983), 64–68.
Bernier, Francois. *Travels in the Mogul Empire (1656-1668)*. New Dehli: Oriental Books Reprint Corporation, 1983.
Best, Thomas. *The Voyage of Thomas Best to the East Indies (1612-1614)*. William Foster, ed. London: The Hakluyt Society, 1934.
Bialuschewski, Arne. "Black People under the Black Flag: Piracy and the Slave Trade on the West Coast of Africa, 1718–1723." *Slavery and Abolition* 29, no. 4, 461–75.
Braudel, Fernand. *A History of Civilizations*. New York: Penguin, 1988.
Burgess Jr., Douglas R. "Piracy in the Public Sphere: The Henry Every Trials and the Battle for Meaning in Seventeenth-Century Print Culture." *Journal of British Studies* 48, no. 4 (Oct. 2009), 887–913.
———. *The Pirates' Pact: The Secret Alliances Between History's Most Notorious Buccaneers and Colonial America*. New York: McGraw-Hill Education, 2008. Kindle Edition.
Casey, Lee A. "Pirate Constitutionalism: An Essay in Self-Government."*Journal of Law and Politics* 8 (1992), 477.
Charles River Editors. *Legendary Pirates: The Life and Legacy of Henry Every*. Charles River Editors, 2013. Kindle Edition.
Cordingly, David. *Under the Black Flag: The Romance and the Reality of Life Among the Pirates*. New York: Random House, 2013.
D'Amato, Raffaele. *Sea Peoples of the Bronze Age Mediterranean c.1400 BC—1000 BC*. London: Bloomsbury Publishing, 2015. Kindle Edition.
Dean, Mitchell. *The Constitution of Poverty: Towards a Genealogy of Liberal Governance*. London: Routledge, 2013.
Defoe, Daniel. *Anatomy of Exchange Alley: or A System of Stock-Jobbing*. London: E. Smith, 1719.
———. *The King of Pirates: Being an Account of the Famous Enterprises of Captain Avery, the Mock King of Madagascar*. Kindle Edition.

Earle, Peter. *The Pirate Wars*. New York: Macmillan, 2013.

Edgerton, William F., and John A. Wilson. *Historical Records of Ramses III: The Texts in Medinet Habu, volumes I and II*. Chicago: University of Chicago Press, 1936.

Elliot, H. M. *The History of India, as Told by Its Own Historians. The Muhammadan Period, Vol. 7*. London: Trübner & Co., 1871.

Emsley, Clive, et al. "Historical Background—History of The Old Bailey Courthouse." Old Bailey Proceedings Online, www.oldbaileyonline.org.

Examination of John Dann, 10 August 1696, The National Archives (TNA): Public Record Office (PRO) Colonial Office (CO) 323/2/24.

Findly, Ellison B. "The Capture of Maryam-uz-Zamānī's Ship: Mughal Women and European Traders." *Journal of the American Oriental Society* 108, no. 2 (Apr.–Jun. 1988), 227–238.

Fortescue, J. W., ed. *Calendar of State Papers, Colonial Series*. London: Mackie and Co., 1905.

Foster, William, Sir. *Early Travels in India, 1583–1619*. London: Oxford University Press, 1921.

Gopalakrishnan, Vrindavanam S. "Crossing the Ocean." *Hinduism Today*. July 2008. https://www.hinduismtoday.com/modules/smartsection/item.php?itemid=3065.

Gosse, Philip. *The History of Piracy*. Mineola, NY: Dover Maritime, 2012. Kindle Edition.

Govil, Aditi. "Mughal Perception of English Piracy: Khafi Khan's Account of the Plunder of 'Ganj-i-Sawai' and the Negotiations at Bombay." *Proceedings of the Indian History Congress* 61, Part One: Millennium (2000–2001), 407–12.

Grey, Charles. *Pirates of the Eastern Seas*. London: S. Low, Marston, and Co., 1933.

Hanna, Mark G. *Pirate Nests and the Rise of the British Empire, 1570–1740*. Chapel Hill: Omohundro Institute and University of North Carolina Press, 2017. Kindle Edition.

Hitchcock, Louise and Maeir, Aren. "Yo-ho, yo-ho, a seren's life for me!" *World Archaeology* 46, no. 4 (June 2014), 624–64.

Houblon, Lady Alice Archer. *The Houblon Family: Its Story and Times*. London: Archibald Constable and Company, 1907.

John, Ian S. *The Making of the Raj: India Under the East India Company*. Santa Barbara: ABC-CLIO, 2012.

Johnson, Charles. *A General History of the Pyrates*. Manuel Schonhorn, ed. Mineola, NY: Dover, 1999.

Johnson, Steven. *Wonderland: How Play Made the Modern World*. New York: Riverhead, 2016.

Keay, John. *India: A History*. New York: HarperCollins Publishers, 2010. Kindle Edition.

———. *The Honorable Company: A History of the East India Company*. New York: Harper Collins, 2014. Kindle Edition.

Khan, Iftikhar Ahmad. "The Indian Ship-Owners of Surat in the Seventeenth Century." *Journal of the Pakistan Historical Society* 61, no. 2 (April 2013).

Konstam, Angus. *Pirates: The Complete History from 1300 BC to the Present Day*.

Guilford, CT: Lyons Press, 2008. Kindle Edition.

Lane, Kris. *Pillaging the Empire: Global Piracy on the High Seas, 1500-1750*. London: Routledge, 1998. Kindle Edition.

Leeson, Peter T. *The Invisible Hook: The Hidden Economics of Pirates*. Princeton, NJ: Princeton University Press, 2009. Kindle Edition.

Maddison, Angus. *Class Structure and Economic Growth: India and Pakistan Since the Moghuls*. London: Routledge, 2013.

——— . *Contours of the World Economy 1-2030 AD: Essays in Macro-Economic History*. Oxford, UK: Oxford University Press, 2007. Kindle Edition.

Mukherjee, Soma. *Royal Mughal Ladies: And Their Contribution*. New Dehli: Gyan Publishing House, 2001. Kindle Edition.

Narrative of Philip Middleton, 4 August 1696, TNA/PRO/CO, CO323/3 f. 114.

Nutting, P. Bradley. "The Madagascar Connection: Parliament and Piracy, 1690-1701." *American Journal of Legal History* 22, no. 202 (1978).

O'Malley, Gregory. *Final Passages: The Intercolonial Slave Trade of British America, 1619-1807*. Chapel Hill: University of North Carolina Press, 2011. Kindle Edition.

Parker, Barry. *The Physics of War: From Arrows to Atoms*. Amherst, NY: Prometheus Books, 2014. Kindle Edition.

Preston, Diana. *A Pirate of Exquisite Mind: The Life of William Dampier: Explorer, Naturalist, and Buccaneer*. New York: Berkley, 2005.

Qaisar, Ahsan J. *The Indian Response to European Technology and Culture (A.D. 1498-1707)*. New York: Oxford University Press, 1982.

Rediker, Marcus. *Between the Devil and the Deep Blue Sea: Merchant Seamen, Pirates and the Anglo-American Maritime World, 1700-1750*. Cambridge: Cambridge University Press, 1989.

Robins, Nick. *The Corporation That Changed the World: How the East India Company Shaped the Modern Multinational*. London: Pluto Press, 2012. Kindle Edition.

Rodger, N. A. *The Command of the Ocean: A Naval History of Britain, 1649-1815*. New York: W. W. Norton & Company, 2005.

Steele, Brett D. "Muskets and Pendulums: Benjamin Robins, Leonhard Euler, and the Ballistics Revolution." *Technology and Culture* 35, no. 2 (1994), 348-82.

Stern, Philip J. *The Company-State: Corporate Sovereignty and the Early Modern Foundations of the British Empire in India*. Oxford: Oxford University Press, 2012.

——— . "A Politie of Civill & Military Power: Political Thought and the Late Seventeenth-Century Foundations of the East India Company-State." *Journal of British Studies* 47, no. 2 (2008), 253-83.

Subrahmanyam, Sanjay. "Persians, Pilgrims and Portuguese: The Travails of Masulipatnam Shipping in the Western Indian Ocean, 1590-1665." *Modern Asian Studies* 22, no. 3 (1988), 503.

The Trials of Joseph Dawson, William Bishop, Edward Forseth, James Lewis, William May, and John Sparkes for Several Piracies and Robberies by Them Committed. London: John Everingham, 1696.

Thomas, James H. "Merchants and Maritime Marauders." *The Great Circle* 36, no. 1 (2014), 83-107.

Truschke, Audrey. *Aurangzeb: The Life and Legacy of India's Most Controversial King*.

Stanford, CA: Stanford University Press, 2017.

Turley, Hans. *Rum, Sodomy, and the Lash: Piracy, Sexuality, and Masculine Identity.* New York: New York University Press, 1999. Kindle Edition.

Van Broeck, Adrian. *The Life and Adventures of Captain John Avery.* Los Angeles: The Augustan Reprint Society, 1980.

Various. *Privateering and Piracy in the Colonial Period: Illustrative Documents.* Kindle Edition.

Woodard, Colin. *The Republic of Pirates: Being the True and Surprising Story of the Caribbean Pirates and the Man Who Brought Them Down.* New York: Houghton Mifflin Harcourt, 2007. Kindle Edition.

Wright, Arnold. *Annesley of Surat and His Times.* London: Melrose, 1918.

Yafa, Stephen. *Cotton: The Biography of a Revolutionary Fiber.* New York: Penguin, 2006.

Zacks, Richard. *The Pirate Hunter: The True Story of Captain Kidd.* New York: Hachette Books, 2003.